1판 1쇄 발행 2012년 10월 15일
1판 2쇄 발행 2014년 10월 20일

글 | 서해경 · 그림 | 김원희
발 행 인 | 서경석
책임편집 | 김현미
디 자 인 | 이혜정 · 이승주
마 케 팅 | 서기원

발 행 처 | 청어람주니어
출판등록 | 2009년 4월 8일(제313-2009-68호)
주소 | 경기도 부천시 원미구 부일로 483번길 40 서경빌딩 3층 (우)420-822
전화 | 032)656-4452 · 전송 | 032)656-4453
전자우편 | juniorbook@naver.com

ISBN 978-89-93912-70-8 73370
ISBN 978-89-93912-16-6 (세트)

이 도서의 국립중앙도서관 출판시도서목록(CIP)은 e-CIP 홈페이지(http://www.nl.go.kr/ecip)에서 이용하실 수 있습니다. (CIP제어번호: CIP2012003428)

더불어 사는
행복한 법

서해경 글 | 김원희 그림

법을 보면 나라가 보인다

세상에 이런 법이?

혹시 이런 법이 있다는 것을 알고 있나요? 미국의 오레곤 주에서는 '일요일에 아이스크림을 먹으면 안 된다'는 법이 있고, 펜실베이니아 주에서는 '욕조에서 노래를 부르면 안 된다'는 법이 있대요.

"세상에, 무슨 그런 법이 다 있지?"라고 생각하고 있진 않나요? 사실 우리에겐 아주 낯설게 느껴져도 오레곤 주와 펜실베이니아 주 사람들처럼 다른 이들에게는 아주 당연한 법이 세상엔 많답니다.

몇십 년 전, 우리나라에는 남자들에게 머리를 기르지 못하게 하는 법이 있었어요. 머리를 기른 남자들을 아주 불량하게 생각했죠. 그런데 그보다 백여 년 전에는 또 달랐어요. 몸과 머리카락은 부모로부터 물려받은 것이기 때문에 그대로 보존하는 것이 효도라고 여겼지요. 그때 남자들은 머리를 길러서 상투를 틀어야만 했어요.

지금은 어떤가요? 머리 스타일에 대해 법으로 정해 놓은 것도 없을 뿐더러, 머리를 기르건 말건 자기 마음이고, 개성이라고 다들 생각하지요.

참 이상하죠? 어떤 나라에선 당연한 법이 다른 나라 사람들에겐 이상하게 보이고, 또 같은 나라에서도 시대에 따라 법이 바뀌는 것 말이에요.

법은 사회를 비추는 거울

사회의 구성원들이 원활하게 소통하고 살아가기 위해서는 그 사회에 맞는 법이 필요해요. 이렇게 생긴 법은 고정된 것이 아니라 사회가 변하는 것에 맞추어 적당하게 수정되고 보완되지요. 그래서 법을 알면, 그 당시 사람들이 어떤 사회에서 어떻게 살았는지 알 수 있어요.

우리도 마찬가지예요. 우리가 사는 대한민국의 법을 알면 대한민국이 어떤 나라인지, 그 속에서 우리는 어떤 모습으로 살고 있는지 알 수 있답니다.

그래서 저는 법 중에 으뜸인 법, 헌법을 찾아보았어요. 대한민국 헌법의 제1조는 무엇일까요?

> 제1조 대한민국은 민주공화국이다.
> 대한민국의 주권은 국민에게 있고, 모든 권력은 국민으로부터 나온다.

바로 이거였죠.

헌법을 보면, 그 나라를 알 수 있다

갑자기 궁금해졌어요. 다른 나라들의 헌법도 같은 내용일까? 짐작했겠지만, 나라마다 헌법의 내용은 모두 달랐어요.

각 나라의 헌법 제1조는 그 나라가 어떤 나라인지 결정하는, 가장 중요한 내용을 담고 있어요. 그리고 그 나라에서 가장 중요하게 생각하는 가치를 알리고 있지요. 그렇기에 각 나라의 헌법 제1조를 보면 그 나라가 보인답니다.

예를 들어, 독일의 헌법 제1조는 '인간의 존엄성은 반드시 지켜져야 하고 인간의 존엄성을 보호하는 것이 국가의 의무'라고 정해 놓았어요. 독일 국민은 제2차 세계 대전을 일으킨 히틀러와 나치에게 인권을 짓밟혔어요. 그

경험은 독일 국민에게 인간의 존엄성을 가장 소중하게 생각하는 계기가 됐지요.

대한민국 헌법 역시 마찬가지예요. 왕이 다스리던 시대를 거치면서, 대한민국은 '국가의 주인은 국민'이라는 것을 가장 중요하게 생각하게 되었어요.

지금부터 우리가 사는 이 나라, 대한민국의 법에 대해 알아볼 거예요. 그러다 보면, 대한민국이 우리를 위해 무엇을 해야 하고 우리는 국민으로서 어떻게 행동해야 하는지 알 수 있을 거예요. 더불어 우리가 얼마나 소중한 존재인지도 깨닫게 될 거예요. 대한민국의 주인은 바로 우리 국민이니까요.

2012년 10월, 서해경

차례

1 법과 정의

1화 법은 무엇일까? • 12
병수 씨와 순진 씨, 어찌하나요? | 법 없이도 살 사람? | 사람은 서로 모여 살아요 | 규칙을 만들자 | 법은 원하지 않아도 지켜야 한다 | 생각이 깊어지는 자리

2화 정의란 무엇일까? • 36
50센트의 벌금 | 두 눈을 가린 정의의 여신 | 정의롭지 못한 사회는 어떤 곳일까? | 맨손으로 정의를 지킨다? | 생각이 깊어지는 자리

3화 최초의 헌법 • 56
토미야 힘내! | 대헌장, 왕의 권위에 도전하다 | 대헌장, 민주주의의 시작을 알리다 | 헌법이란 무엇인가? | 생각이 깊어지는 자리

2 대한민국 헌법의 역사

4화 대한민국 최초의 헌법 • 74
독립을, 자유 민주 국가를 외치다 | 대한민국의 대표적인 옛법 | 최초의 국민 정부, 상해 임시 정부의 헌법 | 대한민국 헌법을 만들다 | 생각이 깊어지는 자리

5화 권력자 마음대로? • 92
여러분의 보호단 | 헌법을 바꾸자 | 대한민국 헌법의 어두운 역사 | 헌법은 국민의 것이다 | 생각이 깊어지는 자리

4 국민의 권리와 의무

9화 법 앞에 평등 • 166
죄명은 흑인 | 헌법에 보장된 권리 |
법 앞에 평등할 권리 | 국민이 정치에 참여할
권리 | 생각이 깊어지는 자리

10화 국민의 의무 • 182
큰형은 범죄자, 작은형은 예비 범죄자? |
법률이 정한 국민의 의무 | 나는 총을 잡지 않겠다
의무와 권리를 절충하다, 대체 복무 제도 |
생각이 깊어지는 자리

11화 모든 사람에게 동등한 인권 • 196
조심해, 우리 동네에 나쁜 사람이 살아 |
성 범죄자의 신상을 공개합니다, 메건법 |
때때로 권리는 서로 부딪친다 |
생각이 깊어지는 자리

3 나 그리고 대한민국

6화 대한민국은 어떤 나라일까? • 112
더 이상 왕을 원하지 않아 | 가장 센 힘, 주권 |
대한민국은 어떤 나라일까? | 생각이 깊어지는 자리

7화 국민의 자격 • 126
박쥐는 어느 나라 국민인가? | 아무나 국민이
될 수 없다? | 대한민국 국민의 자격? |
국적이 두 개인 사람 | 생각이 깊어지는 자리

8화 대한민국의 영토 • 146
독도를 지킨 안용복 | 독도는 누구 땅? |
헌법에서 밝힌 대한민국의 영토는 어디까지? |
유엔에서 규정한 대한민국의 영토는 어디까지? |
생각이 깊어지는 자리

1화 법은 무엇일까?

"약속대로, 그의 살 1파운드를 당장 베어 주시오!"
샤일록은 목소리 높여 주장했다.

-《베니스의 상인》중에서-

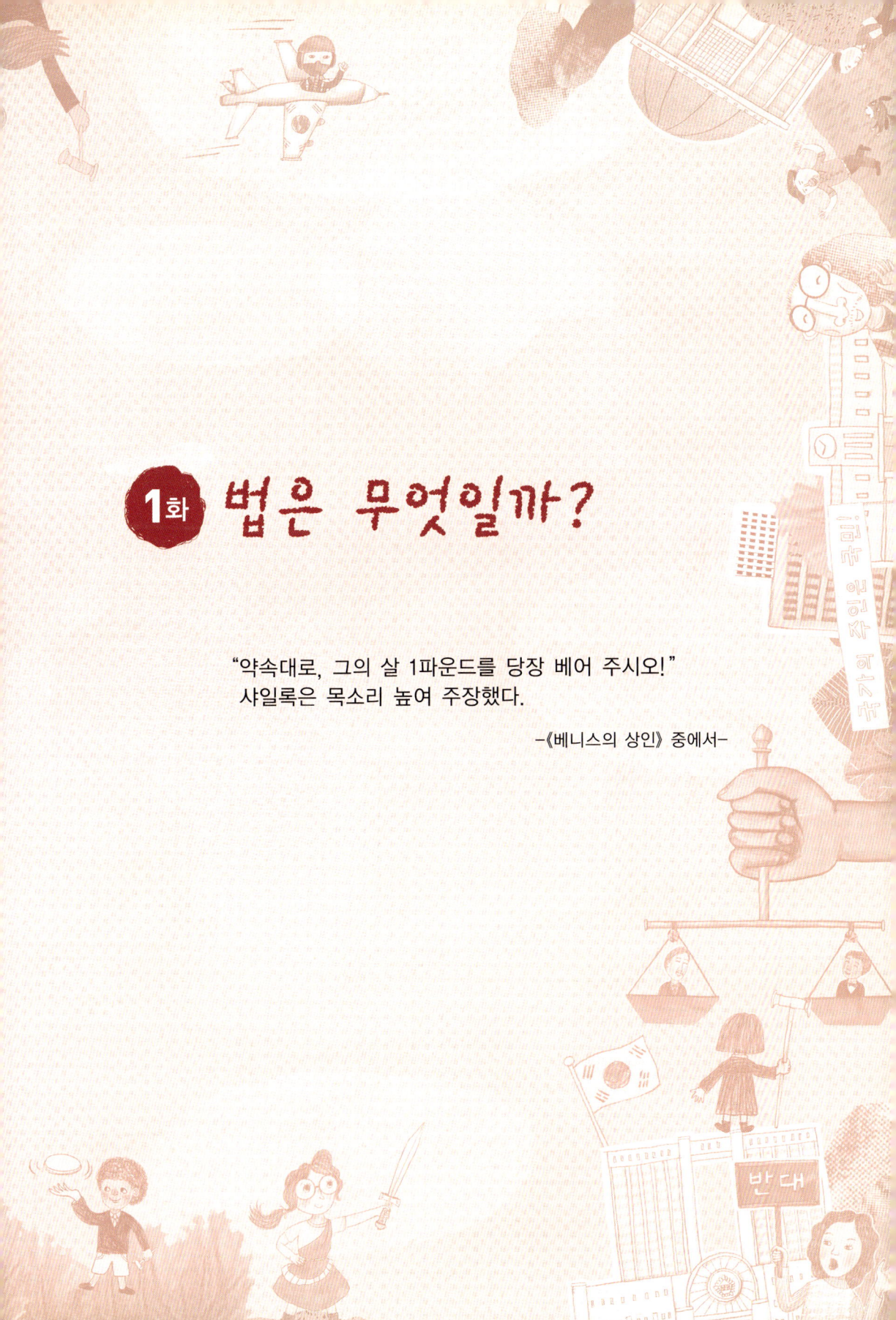

병수 씨와 순진 씨, 어찌하나요?

    수북이 쌓인 눈이 녹을 사이도 없이, 연이어 매서운 바람이 휘몰아치는 추운 겨울입니다.
    "여기 있습니다. 특별히 큰 놈으로 한 개 더 넣었어요. 허허허."
    병수 씨가 싱글벙글 웃으며 불룩하게 군고구마가 담긴 봉투를 건넵니다.
    "어, 저기 버스 왔네. 많이 파세요."
    손님은 한 손으로 군고구마를 받고 다른 손으로는 돈을 건네더니 허겁지겁 버스를 향해 달려갔습니다.
    손님에게 받은 돈을 세던 병수 씨가, 출발하려는 버스를 향해 허겁지겁 달렸습니다.

"자, 잠깐! 잠깐만 기다리세요."

버스에 탄 승객들이 무슨 일인가 싶어 창문 밖 병수 씨를 내다봅니다. 다행히 군고구마를 산 손님이 병수 씨의 말을 알아듣고는 창문을 열었습니다.

"여기 천 원이요. 천 원을 더 주셨더라고요. 허허허."

병수 씨는 떠나는 버스를 향해 손을 흔들었습니다.

병수 씨는 벌써 몇 년째 버스 정류장 앞에서 군고구마를 팔고 있습니다. 병수 씨는 장애가 있습니다. 정신지체 3급이지요. 하지만 늘 밝게 웃고, 정직하고 성실하게 일하는 병수 씨를 사람들은 '법 없이도 살 사람'이라고 부르며 좋아합니다.

어느덧 짧은 겨울 해가 지고 지나가는 사람도 뜸해졌습니다. 병수 씨가 집으로 돌아갈 준비를 합니다.

"여보."

길 건너에서 순진 씨가 얼굴이 일그러질 정도로 환하게 웃으며 병수 씨를 향해 달려옵니다. 순진 씨도 병수 씨처럼 장애가 있습니다. 하지만 두 부부는 서로 사랑하고 도우며 정말 행복하게 산답니다.

"추운데 왜 나왔어요?"

병수 씨의 말에 순진 씨가 부끄러운 듯, 고개를 살짝 숙입니다. 그러고는 뒤에서 수레를 밀기 시작합니다.

"어? 저게 뭐지?"

마을에 들어서는데 병수 씨가 수레를 멈추고는 놀이터 한 구

석에 있는 벤치를 가리킵니다. 어스름한 벤치 위에 사람이 누워 있습니다. 하얗게 눈에 덮인 채였습니다.

"죽었나 보다."

순진 씨가 겁에 질린 목소리로 병수 씨의 팔을 잡습니다. 그래도 병수 씨는 한 걸음씩 그 사람에게 다가가며 주의 깊게 살펴봅니다. 초췌한 남자의 얼굴이 보입니다. 병수 씨가 환한 표정으로 소리쳤습니다.

"살았어요. 살아 있어요, 이 아저씨."

순진 씨도 환하게 웃으며 달려옵니다.

"이렇게 추운데……. 불쌍해요."

"우리 집에 데리고 가요."

병수 씨가 남자를 업으려고 일으킵니다. 순진 씨도 냉큼 병수 씨를 도와 남자를 부축합니다.

집에 도착하자, 병수 씨는 하나밖에 없는 방에 남자를 눕히고 두툼하고 포근한 이불을 덮어 주었습니다. 그러고는 남자를 닦아 주려고 물수건을 준비했습니다. 순진 씨는 서둘러 저녁을 차렸습니다. 놀이터에서 데리고 온 남자를 위해 아껴 둔 쇠고기를 꺼내 국도 끓였습니다.

"병수 씨, 밥 다 됐어요."

"아직 아저씨가 안 일어났는데……."

결국 두 부부는 아저씨가 깰 때까지 밥상 앞에서 기다리기로 합니다. 아침 일찍 시장에서 고구마를 사다 추운 밖에서 장사를 했던 터라, 병수 씨는 배가 고팠습니다. 꼬르륵, 병수 씨의 배에서 소리가 납니다.

그 소리에 순진 씨가 얼굴을 붉히며 큭큭, 웃습니다. 하지만 병수 씨는 밥상 너머 아저씨의 얼굴만 뚫어지게 쳐다봅니다. 다행히 조금 있으니, 아저씨의 얼굴이 움찔하며 움직입니다.

"아저씨."

병수 씨가 반갑게 부릅니다.

감긴 눈이 부르르 떨리더니, 아저씨가 번쩍 눈을 뜹니다.

"아저씨, 식사하세요."

순진 씨도 반갑게 아저씨 앞으로 밥상을 밀었습니다. 아저씨가 주위를 둘러보더니, 벌떡 일어나 앉습니다.

"여기가 어딥니까?"

"우리 집이요. 놀이터 의자에서 업고 왔어요. 눈 오고 추워서 밖에서 자면 큰일 나요."

아저씨는 놀란 표정으로 병수 씨와 순진 씨를 번갈아 봅니다. 두 사람 모두 싱글벙글 함박웃음을 짓고 있습니다. 갑자기 아저씨가 무릎을 꿇고 방바닥에 머리가 닿을 듯 두 사람에게 인사를 합니다.

"고맙습니다. 정말 고맙습니다. 제 목숨을 구해 주셨군요. 저 같은 놈을……."

아저씨는 바닥에서 고개를 들지 못하고 흐느꼈습니다.

"돈 좀 벌어 보겠다고 시골에서 올라온 후론 이렇게 따뜻하게 저를 대해 준 사람이 없었는데……, 정말 고맙습니다."

병수 씨와 순진 씨는 계속 미소만 짓고 있습니다.

"꼬르륵, 꼬르륵!"

병수 씨와 아저씨의 배에서 동시에 꼬르륵, 소리가 울렸습니다.

"배고파요. 우리 같이 밥 먹어요."

"하하하!"

멋쩍은 듯 머리를 긁적이며, 아저씨도 환하게 웃었습니다.

세 사람은 맛있게 늦은 저녁을 먹었습니다.

"순진 씨, 나 돈 벌어 올게요."

병수 씨가 손장갑을 챙기며 순진 씨를 부릅니다. 그러자 방에서 쉬던 아저씨도 병수 씨를 배웅하러 나옵니다.

"저……, 면목 없지만, 제가 아직 몸이 다 낫지 않아서 그러는데, 조금 더 쉬다가 오후에 나가면 안 될까요?"

"그러세요. 아프면 안 되니까."

병수 씨와 순진 씨가 흔쾌히 승낙을 합니다.

"이상하네. 오늘은 순진 씨가 전화를 한 번도 안 하네. 전화도 안 받고."

　병수 씨가 휴대 전화를 열어 보며 고개를 갸웃거립니다. 병수 씨는 걱정이 되었습니다. 특별한 일이 없어도 매시간 마다 전화를 하던 순진 씨가 오늘따라 전화 한 통이 없습니다. 병수 씨는 해가 지기도 전에 서둘러 집으로 향했습니다.

　집에 도착한 병수 씨는 깜짝 놀랐습니다. 현관 앞에 빈 소주병이 줄지어 널부러져 있고, 부엌 한 구석에 순진 씨가 쪼그려 앉아 손가락을 물어뜯고 있었습니다. 방 안에서는 흥얼거리는 노랫소리가 들렸습니다.

　"병수 씨……."

　순진 씨가 병수 씨를 발견하고 달려 나옵니다.

　"아저씨 무서워요, 무서워요. 계속 술 마시고 욕해요."

　순진 씨는 불안한 듯 목소리가 떨렸습니다. 병수 씨는 방문을 살짝 열었습니다. 밥상 위에 갖가지 안주와 술잔이 있고, 아저씨는 병째로 술을 들이켜고 있었습니다.

　"어? 이게 누구야? 내 생명의 은인 아니신가? 내가 죽다 살았는데 그냥 넘어갈 수가 있어야지. 그래서 축배를 드는 거야, 축배!"

　"아저씨, 술 너무 많이 마셨어요. 술 많이 마시면 안 돼요. 아저씨 아프잖아요."

　병수 씨가 걱정하며 술병을 치웠습니다.

　"아프긴 누가 아프다는 거야? 나? 나? 내가 다시 태어났다니까

그러네. 나는 아주 쌩쌩하다고."

아저씨가 가슴을 쿵쿵 치며 말합니다. 술 냄새가 확 풍깁니다. 그러더니 그 자리에 쓰러지듯 누워 버립니다. 병수 씨는 방을 치우고, 상을 들고 거실로 나왔습니다. 기다리던 순진 씨가 다가옵니다.

"아저씨 싫어요. 자기 집에 가라고 해요."

"그래도 지금 주무시니까, 내일 아침에 가라고 할게요."

병수 씨의 말에 순진 씨가 한숨을 쉬며 고개를 끄덕였습니다.

"뭐? 나가라고? 나가긴 누굴 나가라는 거야? 내가 여기 오고 싶어서 왔어? 당신들이 날 강제로 끌고 와 놓고, 이제 와 쓰레기 버리듯 내다 버리겠다고? 그게 말이 돼? 난 절대 못 나가!"

언제 거실로 나왔는지, 아저씨가 버럭 소리를 질렀습니다. 그러더니 방으로 들어가 자리에 누워 버렸습니다. 아저씨의 말에 병수 씨와 순진 씨는 황당해서 어쩔 줄을 몰랐습니다. 한참 후에 병수 씨가 방문을 조금 열고 아저씨에게 말했습니다.

"아저씨는 이제 안, 안 아프시죠?"

"아이고 사람 죽네. 아이고, 배야. 아이고! 발끝에서 머리까지 안 아픈 곳이 한 군데도 없네, 아이고!"

아저씨가 방바닥을 뒹굴며 엄살을 부렸습니다.

"아까 안 아팠잖아요? 왜 갑자기 아파요? 아저씨 안 아픈 거 다 알아요."

순진 씨가 병수 씨 뒤에서 빠끔히 얼굴을 내밀고 말했습니다. 그

러자 아저씨가 벌떡 일어나 눈을 부라렸습니다.

"다 꺼져. 난 내가 원할 때까지 여기서 살 거야. 여기는 자유 국가라고! 나랑 살기 싫으면 늬들이 나가!"

순진 씨의 말이 끝나기도 전에 아저씨가 순진 씨와 병수 씨를 방

밖으로 밀쳐 냈습니다. 병수 씨가 문지방에 걸려 뒤로 넘어졌습니다. 순진 씨도 병수 씨에 밀려 함께 넘어지고 말았습니다.

"병수 씨, 우리 어떡해요?"

"세상에 이런 법은 없어요. 이런 법은……."

병수 씨는 넋이 나간 듯 중얼거렸습니다.

- 허 참, 정말 세상에 이런 황당한 일이 또 있을까? 안타깝게도 이 이야기는 우리나라에서 실제로 있었던 일이란다. 힘든 상황에 처해 도와주었더니 도리어 행패를 부리고 있는 아저씨! 이 아저씨에게 이름을 지어 준다면, 뭐라고 지으면 좋을까? 무법 씨? 한번 생각해 볼까?

법 없이도 살 사람

이웃 사람들은 병수 씨를 '법 없이도 살 사람'이라고 했어. 비록 장애가 있지만 다른 사람에게 도움을 받기는커녕 오히려 다른 사람을 돕고 정직하고 성실하게 사는 마음 따뜻한 사람이니까.

하지만 세상에는 병수 씨처럼 법 없이도 살 사람들만 있는 것은 아니야. 이야기에 나오는 아저씨처럼 은혜를 원수로 갚는 못된 사람도 있지. 그리고 병수 씨, 순진 씨처럼 착한 사람만 있더라도 사람들은 저마다 생각이나 원하는 것이 다르기 때문에 다툼이나 갈등이 생기기 마련이야.

또 모든 사람의 생각이 같더라도 다툼은 생길 수밖에 없어. 원하는 것은 정해져 있는데 모든 사람이 같은 것을 원한다면, 누군가는 원하는 것을 얻지 못하게 될 테니까. 이때 갈등을 해결하는 것이 바로 '정치'야.

그런데 힘이 세고 목소리가 큰 사람이 자기 마음대로 '정치'를 하면 어떻게 될까? '내가 다 알아서 할 테니, 당신들은 내가 시키는 대로만 해요.'라고 한다면 말이야.

설마 혼자 살면 된다고 대답하는 친구는 없겠지? 그래도 혹시 마음속으로 혼자 살면 된다고 생각하는 친구가 있을지 모르니까, 왜 사람들이 더불어 살아야 하는지 함께 알아볼까?

사람은 서로 모여 살아요

 1920년 인도의 작은 마을에서 세계를 깜짝 놀라게 한 사건이 벌어졌어. 이 마을 사람들에게는 고민이 있었거든. 언젠가부터 마을로 호랑이가 내려와 사람들이 기르던 가축을 마구 잡아먹는 거야. 결국 사람들은 직접 호랑이를 잡으러 숲으로 갔어. 근데 거기서 늑대 굴을 발견하게 된 거야. 놀랍게도 그 안에는 여자아이들이 있었지. 사람들은 이 아이들에게 아밀라, 카밀라라는 이

름을 지어 주고 마을로 데리고 왔어. 아밀라와 카밀라는 '늑대소녀'라 불리며 사람들의 관심을 받았지.

하지만 두 소녀는 사람과는 달랐어. 두 소녀는 옷을 입지 않았을 뿐 아니라, 늑대처럼 네 발로 걷고 늑대처럼 짖으며 의사소통을 했어. 음식은 고기만 먹었고 사람이 주는 음식은 먹지 않고, 땅에 놓아둔 음식만 입으로 먹었어. 아밀라와 카밀라는 몸은 사람이었지만 행동과 생각, 말하는 것은 늑대였던 거야.

우리도 사람들 속에서 살지 않았다면 아밀라, 카밀라와 별다르지 않았을 거야. '지금과 같은 사람'이라고 생각하기 힘들겠지. 사람은 인류가 지구상에 살기 시작하면서부터 쌓아온 삶의 방식과 문화를 배우고 생활하며 사니까 말이야.

규칙을 만들자

앞의 얘기를 해 볼까? 남을 괴롭히고 함부로 행동하는 무법 씨 같은 사람이 있다면 어떻게 할까? 그러지 못하도록 기준을 정해서 지키도록 한 것이 바로 '규범'이야.

규범은 행동과 마음가짐의 기준을 말하는데, 몇몇 사람이 마음대로 만든 것이 아니라, 오랜 시간 동안 사회 구성원들의 동의를 얻은 후에 만들어졌어. 그래서 규범은 힘이 세지.

규범이 있으면 문제가 생겼을 때 그 규범에 따라 해결하면 되고, 또 규범에 어긋나지 않게 조심하다 보면 미리 문제가 생기는 것을 막을 수도 있어.

관습, 도덕, 종교 그리고 법이 규범에 해당돼. 관습은, 어느 사회에서 해 오던 행동이나 생각이 오랜 시간 동안 반복되면서 자연스럽게 규범의 역할을 하는 거야. 결혼 풍습이나 장례식을 할 때 3일장을 하는 것 등이 관습이야.

도덕은 인간으로서 마땅히 지켜야 할 마음가짐과 행동을 말해. 버스에서 노인에게 자리를 양보하는 것은 윗사람을 공경하려는 마음에서 우러나온 도덕이라고 할 수 있어. 하지만 도덕은 다른 사람이 잘잘못을 함부로 판단할 수 없어. 다른 사람의 마음을 읽을 수도 없고, 설사 나쁜 마음을 가졌다고 해도 벌을 줄 수는 없는 것이 바로 도덕이니까.

예를 들어 노인에게 자리를 양보하지 않는다고 벌을 줄 수는 없잖아? 그래서 도덕은 스스로 지켜야 할 규범이기는 하지만 강제로 지키라고 요구할 수 없는 규범이야.

법은 원하지 않아도 지켜야 한다

종교는 오랫동안 사람들에게 규범으로써의 역할을 해 왔어. 기독교의 십계명처럼, 신자들은 지켜야 할 교리와 계율이 있어. 그런데 종교와 법은 서로 부딪힐 때가 있지. 얼마 전에 있었던 일이야.

방글라데시의 한 소녀가 성폭행을 당했는데, 그 지역의 종교법에 따르면 피해자도 벌을 받아야 했어. 그래서 소녀는 채찍질을 당했고 결국 목숨을 잃고 말았지. 하지만 방글라데시의 법은 종교법과 달랐어. 경찰은 소녀의 부모와 종교 재판을 했던 종교인들을 살인죄로 고소했단다.

종교와 법이 항상 다르기만 한 것은 아니야. 재판을 할 때, 증인이 한 손을 들고 진실만을 말하겠다고 선서를 하는데, 현재까지 남아 있는 종교법의 흔적이지.

이처럼 도덕이 마음가짐을 중요하게 생각하는 것과 달리, 법은 행동의 결과를 중요시해. 겉으로 드러난 행동은 다른 사람이 알아보고 판단할 수 있지. 마음속으로 너무 잘난 친구를 쥐어박고 싶은 것

과 실제로 쥐어박아서 상처를 입히는 것은 다른 거야.

앞의 것은 도덕의 문제지만 처벌을 받지는 않아. 하지만 실제로 쥐어박았다면 그건 눈에 보이는 행동이기 때문에 법에 따라 원하지 않아도 처벌을 받아야 해. 처벌을 받지 않으려면 남에게 상처를 입히는 행동을 하지 않으면 돼. 이렇게 법은 자기가 원하지 않아도 지켜야 하는 거야.

그런데 법을 어기면 원하지 않아도 벌을 받는 이유가 뭘까? 그건 사회 구성원들이 법을 통해 서로 지키기로 약속했기 때문이야. 사회 전체의 구성원을 위해 법을 만들고, 그 법을 지키자는 약속. 만약 그 법을 어기게 되면 강제로 벌을 받아야 한다는 약속이지.

법은 밖으로 드러나는 행동을 기준으로 판단한다고 했지? 그렇기 때문에 국민 개인 스스로가 할 수 있는 행동(권리)과 꼭 해야 하는 행동(의무)을 정할 수 있어.

하지만 모든 사람에게 권리가 있었던 것은 그리 오래되지 않았단다. 언세부터 사람들이 자유롭게 권리를 누릴 수 있었는지는 뒤에서 알아볼 거야.

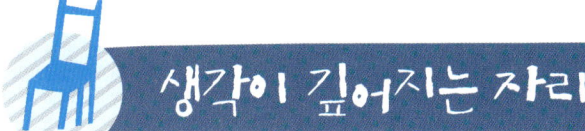

생각이 깊어지는 자리

1 병수 씨와 순진 씨는 공원에서 데리고 온 아저씨 때문에 곤경에 처했습니다. 여러분이라면 어떻게 해결할지 생각해 보세요.

2 만약 우리 사회에 법, 규칙, 도덕 등이 없다면 어떤 일이 벌어질까요?

3 여러분이 학교에서 지키는 규칙은 어떤 것이 있나요? 그 규칙이 필요한 이유를 생각해 보세요.

4

빌린 돈 대신 살 1파운드를 베어 달라고?

세계를 떠들썩하게 만든 샤일록과 안토니오의 재판이 열렸다.

안토니오는 샤일록에게 돈을 빌리면서, 갚지 못할 경우에는 자신의 살 1파운드를 베어 주기로 증서를 썼다. 안토니오는 빌린 돈을 갚지 못했고, 오늘 샤일록이 안토니오의 살을 벨 수 있는지를 결정하는 재판이 열린 것.

전문가들은 1파운드 살을 베었을 경우, 안토니오가 사망할 거라 경고하고 있다. 재판 결과, 재판관은 샤일록에게 약속대로 안토니오의 살 1파운드를 베라고 판결했다.

하지만 안토니오는 무사했다. 재판관이 '증서에는 피를 흘린다는 말이 없으니, 피는 흘리지 말고 살을 베야 한다'고 판결했기 때문이다.

피를 흘리지 않고 살을 벨 수는 없기 때문에, 샤일록은 재판에서 이겼지만 1파운드의 살도, 빌린 돈도 받지 못하게 되었다.

가슴을 조이며 재판 결과를 지켜본 사람들은 현명한 판결이라 환영했고, 목숨을 걸고 돈을 주고받는 무모한 일은 다신 없어야 한다고 입을 모았다.

- 위의 글은 《베니스의 상인》을 다룬 글입니다. 안토니오는 샤일록에게 돈을 갚지 못하면 살을 베어 주기로 약속했습니다. 여러분이 안토니오의 친구라면, 안토니오에게 뭐라고 충고하겠습니까?

- 샤일록은 재판에서는 이겼지만, 안토니오의 살 1파운드도, 빌린 돈도 받지 못해서 매우 억울했습니다. 잘못된 약속을 한 것은 안토니오도 마찬가지인데, 샤일록만 손해 본 것입니다. 여러분이 재판장이라면 어떻게 판결을 내리겠습니까?

- 옛날에는 죄를 지으면 곤장을 때리거나 몸을 다치게 하는 벌을 주기도 했습니다. 현대의 법은 죄를 지어도 몸을 다치게 하는 벌을 주지 않습니다(물론 사형 제도가 남아 있는 나라도 있습니다). 왜 몸을 다치게 하는 벌은 없어졌을까요?

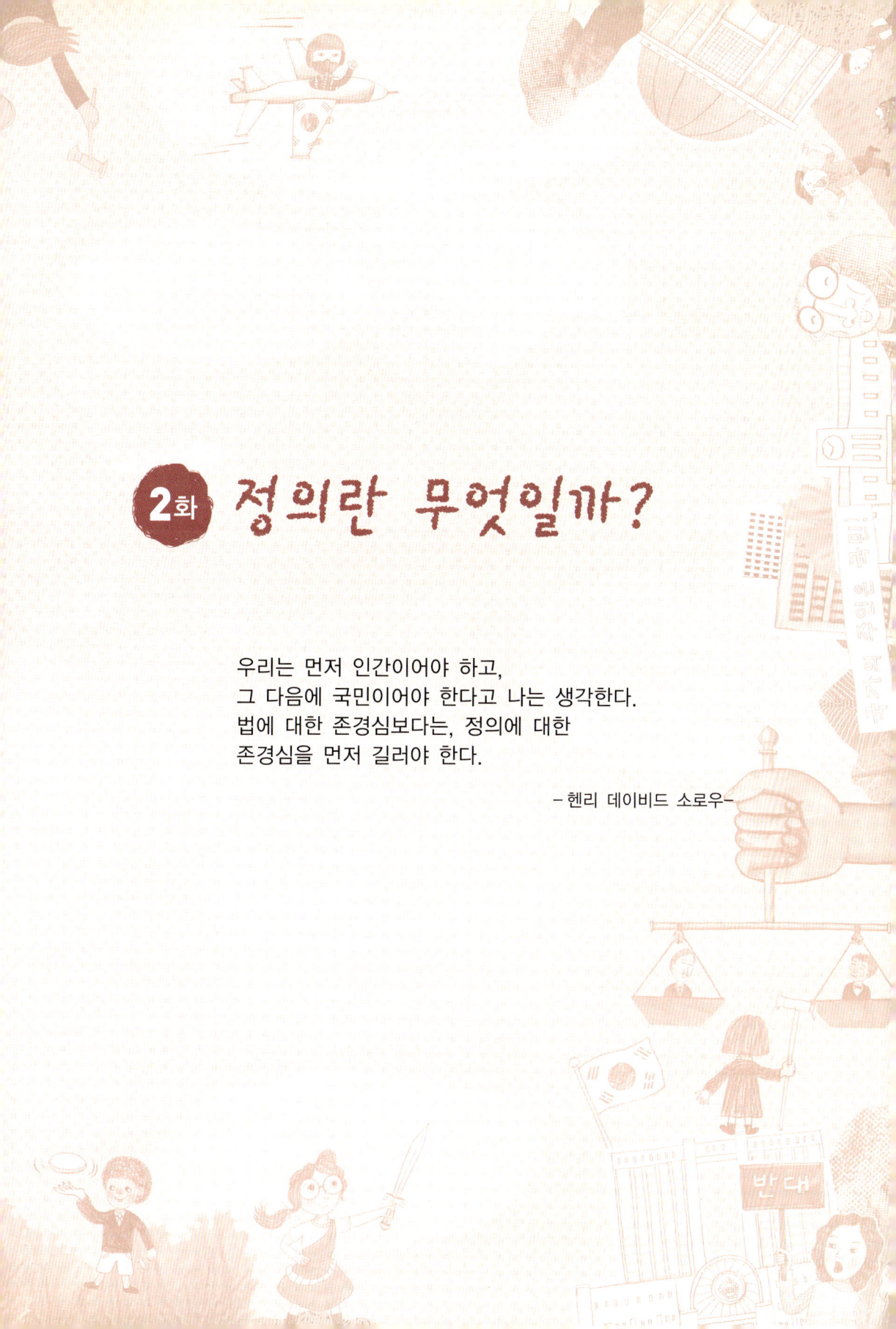

2화 정의란 무엇일까?

우리는 먼저 인간이어야 하고,
그 다음에 국민이어야 한다고 나는 생각한다.
법에 대한 존경심보다는, 정의에 대한
존경심을 먼저 길러야 한다.

- 헨리 데이비드 소로우 -

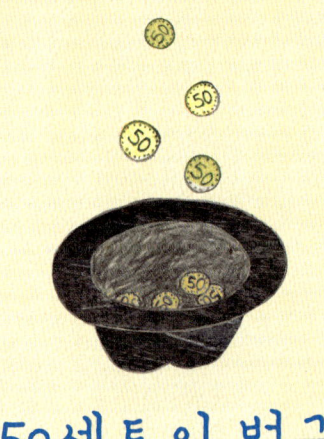

50센트의 벌금

1930년대 전 세계를 가난과 굶주림으로 몰고 간 대공황(1929년에 일어난 세계적인 경제 불안)이 시작되었습니다. 대공황은 미국 뉴욕의 좁은 골목에 있는 작은 집에도 어김없이 찾아왔습니다.

"아, 배고프다."

"할머니, 먹을 것 좀 주세요."

"오늘은 아무것도 안 먹었잖아요. 배고프다고요."

"조용히 해. 할머니도 우리랑 똑같이 아무것도 안 드셨어."

둘째 조쉬와 막내 에이미가 배고프다며 보채자, 첫째 제니가 주의를 줍니다. 그러고는 거실 겸 주방을 힐끗 봅니다. 다행히 바느질을 하고 계신 할머니는 동생들이 보채는 소리를 못 들으셨나 봅니다.

고개도 들지 않고 코에 걸친 안경을 쓸어 올리며 할머니는 열심히 바느질을 하십니다.

"그래도 뭐 먹고 싶은데……."

에이미가 조그맣게 중얼거립니다.

"그래, 에이미. 우리 조금만 더 참자. 언니가 밖에 나가서 먹을거리를 좀 찾아볼게."

"치, 언니가 무슨 수로 먹을 걸 구한다는 거야? 어른인 할머니도 못 구하는데……. 어휴, 우리는 왜 이렇게 가난할까?"

조쉬가 유리잔에 물을 가득 따르더니 벌컥벌컥 마십니다.

"커억. 물을 마셨더니 배고픈 게 싹 사라지네. 에이미 너도 한잔 마셔."

조쉬가 자신이 마신 유리잔에 다시 물을 따라서 에이미에게 줍니다. 맛있고 귀한 음식이라도 되는 듯 에이미가 두 손으로 유리잔을 받아서 조심조심 마십니다. 그 모습을 보던 제니가 벌떡 일어나 밖으로 나갑니다.

"할머니, 저 아니카네 놀러 갔다 올게요."

"으, 응. 그, 그러렴."

할머니가 고개도 들지 않고 대답합니다. 하지만 문 닫히는 소리가 들리자 할머니는 천천히 고개를 들어 멍하니 문을 바라봅니다. 뚝, 바느질감에 눈물이 떨어집니다. 점점이 떨어진 눈물이 치마에 번집니다. 하지만 할머니는 숨을 한번 크게 들이마신 후, 바느질을 계속

했습니다.

하나밖에 없는 방에서는 조쉬와 에이미가 속닥거립니다.

"작은 언니, 우리는 죽게 되는 거야? 굶어서?"

"이런 바보 멍충이! 죽기는 누가 죽어?"

"아무것도 안 먹으면 배에서 꼬로록 소리가 나잖아. 배도 아프고. 그러다가 죽는 거라고 그러던데?"

"누가 그래?"

조쉬가 버럭 소리를 지릅니다.

"공원에 사는 지미 할아버지가 그랬어."

"그 할아범은 미쳤어. 지구가 생겼을 때부터 미쳤었다고. 게다가 그 할아범은 너처럼 순진한 아이들에게 겁을 주는 걸 세상에서 제일 좋아하는 거짓말쟁이야!"

"하지만……."

"너, 설마 그 말을 믿는 건 아니겠지? 갓난아기도 지미 할아범의 입에서 나오는 말은 몽땅 저주받은 거짓말이라는 걸 아는데 말이야."

"그, 그럼. 나도 잘 알아. 처음부터 알았어."

"그래. 역시 우리 에이미는 똑똑하다니까. 자, 제니 언니가 올 때까지 내가 책 읽어 줄게."

에이미가 후다닥 일어나서 책장에서 제일 좋아하는 《작은 아씨들》을 꺼내 옵니다.

"에이미, 사람은 그렇게 쉽게 죽지 않아. 이건 우리 담임 선생님이 알려 주신 거니까 틀림없는 참말이야. 알았지?"

조쉬가 에이미의 얼굴을 똑바로 보며 말합니다.

"응!"

그제야 에이미의 얼굴이 환해집니다.

"자, 어디서부터 읽을까? 그래, 기분이다. 처음부터 몽땅 읽어 주지!"

"이히히히! 언니 최고."

"선물도 없는 크리스마스가 무슨 크리스마스야. 조가 양탄자 위에……."

조쉬가 책을 읽는 소리가 조용한 집을 채웁니다.

"**다녀왔습니다.** 늦게 와서 죄송해요, 할머니. 아니카랑 노느라 시간 가는 줄 몰랐어요."

제니가 작은 목소리로 인사를 합니다.

조쉬와 에이미가 기대에 찬 눈으로 제니를 바라봅니다. 하지만 제니는 굳은 표정으로 아무 말이 없습니다. 두 동생의 실망한 얼굴을 볼 수가 없습니다.

"그래. 오늘은 일찍 자리에 들거라. 아마 내일은, 좋은 일이 기다리고 있을 거야."

"네. 할머니도 안녕히 주무세요."

할머니가 방 불을 끄고 거실로 나갔습니다. 아들 내외가 세 자매

를 할머니에게 맡기고 사라진 후, 할머니는 하나 있는 방을 손녀들에게 내주고 거실 소파에서 주무십니다.

세 아이들은 침대 하나에 같이 누워 눈을 감습니다. 하지만 잠이 오지 않습니다.

"흑, 흐흑."

제니가 소리 죽여 웁니다.

"언니, 왜 울어. 먹을 거 못 구해서 우는 거야?"

에이미가 제니의 얼굴을 만져 줍니다. 울음을 참느라 제니의 어깨가 떨립니다. 떨림이 이불을 타고 퍼집니다.

"언니, 울지 마."

에이미가 울먹입니다.

"어휴, 울긴 왜 울어. 다 커 가지고! 좋아, 내가 이런 때를 대비해서 준비한 비장의 카드가 있지."

조쉬가 침대에서 일어나더니, 책상 뒤에서 작은 상자를 꺼내 옵니다.

"짜자잔! 이것 봐, 빵이야. 지난 주일에 교회에서 나눠 준 빵인데 내가 하나 슬쩍했지."

"우아!"

에이미가 탄성을 지릅니다. 제니도 눈물을 훔치고 빵을 쳐다봅니다. 조쉬가 어깨를 으쓱합니다.

"잘못한 일인 줄 아니까, 잔소리하지 마."

조쉬가 제니에게 빵을 건네며 눈치를 봅니다.

"으응."

제니는 조심스럽게 곰팡이가 핀 곳을 살짝 떼어냈습니다. 빵을 넷으로 나눴습니다. 한 조각을 할머니 몫으로 남기고 세 자매는 빵을 조금씩 아껴 먹었습니다. 키득키득 저절로 웃음이 터집니다. 행복합니다.

"할머니, 죄송해요. 이제 일감을 드릴 수 없네요. 요즘 다들 먹고살기 힘들다고 바느질을 맡기는 사람이 없네요. 그리고 저기……, 이번에 일한 값은 저번에 미리 돈을 받아 가셨으니까 더 드릴 건 없죠?"

할머니는 아무것도 들리지 않았습니다. 더 이상 일을 받을 수 없다니. 오늘 일감을 받으면 돈을 미리 달라고 부탁하려 했는데. 아이들에게 먹을 것을 사 줄 수 있을 거라 믿었는데.

할머니는 휘청거리며 겨우 걸음을 뗐습니다. 한참 만에 큰길에 도착해서 골목을 돌자, 갓 구운 고소한 빵 냄새가 사방에 진동합니다.

'아, 빵이다! 우리 아이들을 배부르게 해 줄, 우리 아이들을 웃게 해 줄 빵!'

할머니는 진열대에서 빵 하나를 집어 들었습니다. 아이들의 환하게 웃는 모습이 보이는 듯했습니다. 할머니는 빵을 들고 천천히 걷기 시작했습니다. 뒤에서 빵 가게 주인이 쫓아왔습니다.

"손님! 돈을 내셔야죠. 손님! 저, 저, 도, 도둑이야!"

결국 할머니는 빵을 훔친 죄로 재판을 받았습니다. 할머니와 빵가게 주인의 말을 모두 듣고, 이제 판사의 판결만이 남았습니다. 한참을 침통하게 생각하던 판사가 드디어 판결을 내렸습니다. 할머니에게 10달러를 벌금으로 내라는 판결이 내려졌습니다. 그리고 덧붙여 이렇게 말했습니다.

　　"법에는 예외가 없습니다. 아무리 사정이 딱해도 죄를 지었으면 벌을 받아야 합니다. 그렇지만 굶주리는 어린 손녀들을 먹이기 위해 늙은 할머니가 빵을 훔쳐야 하는 이 도시의 무정한 현실에도 죄가 있습니다. 그동안 좋은 음식을 많이 먹어 온 저에게 벌금 10달러를 선고합니다. 할머니의 벌금을 대신 내겠습니다. 그리고 여기 계신 시민 여러분에게도 각각 50센트씩을 선고합니다."

- 위의 이야기는 실제 1930년대 미국에서 있었던 법원의 판결을 이야기로 꾸며 본 거야. 판사는 할머니의 벌금을 대신 내 주고, 죄가 없는 배심원들에게도 벌금을 내라고 했어. 죄를 지은 사람은 할머니인데도 말이야. 이 판결은 오랫동안 사람들에게 감동을 주었지. 그 이유는 무엇인지 생각해 보렴.

두 눈을 가린 정의의 여신

대한민국뿐 아니라 여러 나라의 법원 앞에는 정의의 여신인 유스티치아(로마 신화에 등장하는 이름으로 디케, 아스트라이아 등으로 불린다.)의 동상이 세워져 있어. 신들의 왕 제우스, 지혜로운 아테네, 태양신 아폴로, 아름다운 아르테미스 같은 멋진 신도 많은데, 왜 하필 유스티치아일까? 바로 법원이 옳고 그름을 판단하는 곳이기 때문에 '정의'의 여신을 세워 둔 것이지.

옳고 그름을 판단하는 기준은 뭘까? 눈치챘겠지만, 바로 '정의'란다. 그리고 정의의 여신상이 법원 앞에 있다는 것은 법원이 정의를 실천하는 곳이라는 의미지. 무엇으로? 맞아, 법으로 정의를 지키는 거야.

유스티치아의 모습은 몇 가지 특징이 있어. 한 손에는 저울, 다른 한 손에는 칼을 들고 있지. 왜 그런 모습으로 있는 것일까?

사람들이 다투며 서로가 옳다고 주장할 때, 정의의 여신은 양쪽 저울에 다투고

있는 사람을 각각 한쪽에 올린다고 해. 그러면 정의롭지 못한 사람이 있는 쪽으로 저울이 기운다고 하지. 그렇게 해서 누가 정의롭지 못한지 밝힌 다음에는, 다른 한 손에 쥐고 있는 칼로 벌을 내리는 거야.

그런데 유스티치아는 눈을 가리고 있잖아. 아름다운 세상을 볼 수 있다면 좋을 텐데, 왜 눈을 가리고 있는 것일까? 조각가의 실수일까, 아니면 유스티치아는 세상을 보기 싫어한 것일까?

정의의 여신이 눈을 가리고 있는 것은 모든 사람에게 공평하기 위해서야. 나와 친하다고, 예쁘고 잘생겼다고, 돈이 많거나 권력이 있다 해서, 잘못을 저질러도 봐주거나 편을 들지 않겠다는 의지인 거지. 왜냐하면 정의는 공평함 위에 존재하기 때문이야. 공평하지 않은 정의란 없는 거잖아.

정의롭지 못한 사회는 어떤 곳일까?

그런데 정의는 꼭 지켜야 하는 걸까? 정의롭지 않으면 뭐가 문제일까? 정의롭지 못한 사회에서는 착한 사람은 손해만 보고, 노력한 만큼 대가를 얻지 못하니까 열심히 일하지도 않을 거야. 방법을 가리지 않고 남의 것을 빼앗고 괴롭히는 사람이 있을지도 모르지. 누가 나를 해치지 않을까 서로 의심하고, 누구도 열심히 일하지 않는 사회가 될 거야. 누가, 무엇이 옳은지는 중요하지 않은 사회는 어떨까?

제2차 세계 대전을 일으킨 독일의 히틀러와 나치는 먼저 유태인을 잡아갔어. 유태인이 아닌 사람들은, 자신은 안전하니까 누구도 나서지 않았지. 그 다음에 공산주의자, 가톨릭 신자 등을 잡아갔을 때도 나머지 사람들은 모른 척했어. 그런데 만일 나치가 이번엔 나를 잡으러 온다면?

정의는 우리를 지키고, 사회와 국가를 올바르게 이끄는 중요한 원칙인 거야.

맨손으로 정의를 지킨다?

그런데 무엇으로 정의를 지켜야 할까? 힘찬 주먹과 뛰어난 두뇌, 깨끗한 양심? 아니, 정의를 지키는 건 바로 '법'이야. 결국 법이 제 역할을 잘하는 사회는 정의가 잘 지켜지는 곳이 되는 거야. 물론 법 없이도 우리 스스로 정의로운 것이 중요하지만, 모든 사람이 정의롭지만은 않으니까.

그럼 법만 있으면 저절로 정의로운 사회가 될까? 그렇지 않아. 우선 법 자체가 완벽하지 않을 수 있어. 그래서 계속 법을 바꾸거나 새로운 법을 만들지. 또 법을 기준으로 하지만, 사람이 잘잘못을 판단하다 보니 정확하게 판단하기 어려울 수도 있지. 정의의 여신이 눈을 가린 것처럼 공평하게 잘잘못을 판단해야 하는데 그렇지 못한 경우도 있고, 실수로 판단을 잘못할 수도 있어.

　그런데 잘못된 법은 바꾸면 되고, 재판이 잘못되었을 때는 다시 재판을 하면서 옳은 판결을 하도록 노력할 수 있지만, 힘 있는 사람들이 자기에게 유리하게 판결을 하라면 어쩌지? 분명히 잘못을 저질렀지만 벌은 받기 싫다면서, 오히려 판사를 위협한다면 말이야.

　그래서 법에 따라 잘못을 심판하는 사법부가 정의와 법에 따라 판결할 수 있도록, 사법부의 독립을 보장해 주고 있어. 힘 있는 사람들의 눈치를 보지 않고, 자유롭게 양심과 법에 따라 재판을 할 수 있도록 말이야. 만약 같은 잘못을 저질러도 힘 있는 사람은 풀려나고 힘없는 사람만 벌을 받는다면, 누가 법을 지키려고 하겠어?

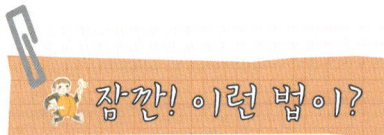

• **삼권 분립**

대한민국은 법에 따라 나라를 다스리는 법치 국가다. 그렇기 때문에 권력도 법과의 관계를 중심으로 나눈다.
법을 만드는 입법부(국회), 법에 정해진 대로 국가에 필요한 모든 일을 하는 행정부(대통령을 비롯한 정부), 법을 제대로 지키는지 어기는지를 판단하는 사법부(법원)로 권력을 나눈다.
그리고 각 기관이 서로 잘잘못을 견제할 수 있도록 세 개의 권력을 분리해 놓은 것을 '삼권 분립'이라 한다.

생각이 깊어지는 자리

제니의 할머니는 빵을 훔쳐서 재판을 받았습니다. 그리고 벌금을 내라는 판결을 받았습니다. 하지만 그 벌금은 판사가 대신 내 주었고, 판사는 재판장에 있던 시민들에게도 벌금을 내라고 했습니다. 이 판결은 '법'이 단지 잘못을 저지른 사람을 벌주기 위해 필요한 것이 아니라, 모든 사람이 함께 행복하게 살기 위해 필요하다는 것을 보여 줍니다.

1 할머니는 법을 어겼습니다. 하지만 판사가 대신 벌금을 내 주었습니다. 잘못을 저지른 사람이 벌을 받지 않고, 오히려 판사와 재판장의 시민에게 벌금을 내라고 한 판결을 어떻게 생각하나요?

2 여러분이 판사라면 어떻게 판결을 내렸을까요?

3 《레 미제라블》은 굶주린 조카를 위해 빵을 훔친 장발장의 이야기입니다. 앞의 할머니와 같은 잘못을 저질렀지만 장발장은 오랜 시간 동안 감옥에 갇혀야 했습니다. 같은 잘못을 저질렀지만 다른 판결을 받은 것입니다. 여러분이 장발장의 재판을 맡은 판사라면 어떻게 판결을 내렸을까요?

---

4 이야기로 생각하기

불효하지 않으면 벌을 주는 법?

일본에서 전해 오는 이야기를 소개합니다.

오래전 일본의 한 마을에 나이는 많지만 젊은이처럼 건강하고 지혜로운 할머니가 살았습니다. 이 마을에는 늙은 부모를 산에 내다 버려야 하는 법이 있었지요. 하지만 아들은 차마 어머니를 춥고 험한 산으로 보낼 수 없었습니다. 어머니와 하루라도 더 함께 살고 싶었습니다. 하지만 할머니는 아들에게 계속, 자신을 산에 데리고 가라고 졸랐습니다. 자신 때문에 아들이 법을 어기는 것이 걱정되었습니다. 며칠 동안 고민하던 아들은 드디어 결정했습니다.

- 할머니의 아들은 어떤 결정을 내렸을까요? 그렇게 생각한 이유는 무엇인가요?

- 국민은 잘못된 법을 바꿔 달라고 국가에 요청할 수 있습니다. 만약 할머니의 아들이 국가에 법을 바꿔 달라고 요청했다고 가정해 보세요. 여러분이 아들의 입장이 되어 왜 이 법을 바꿔야 하는지 설명해 보세요.

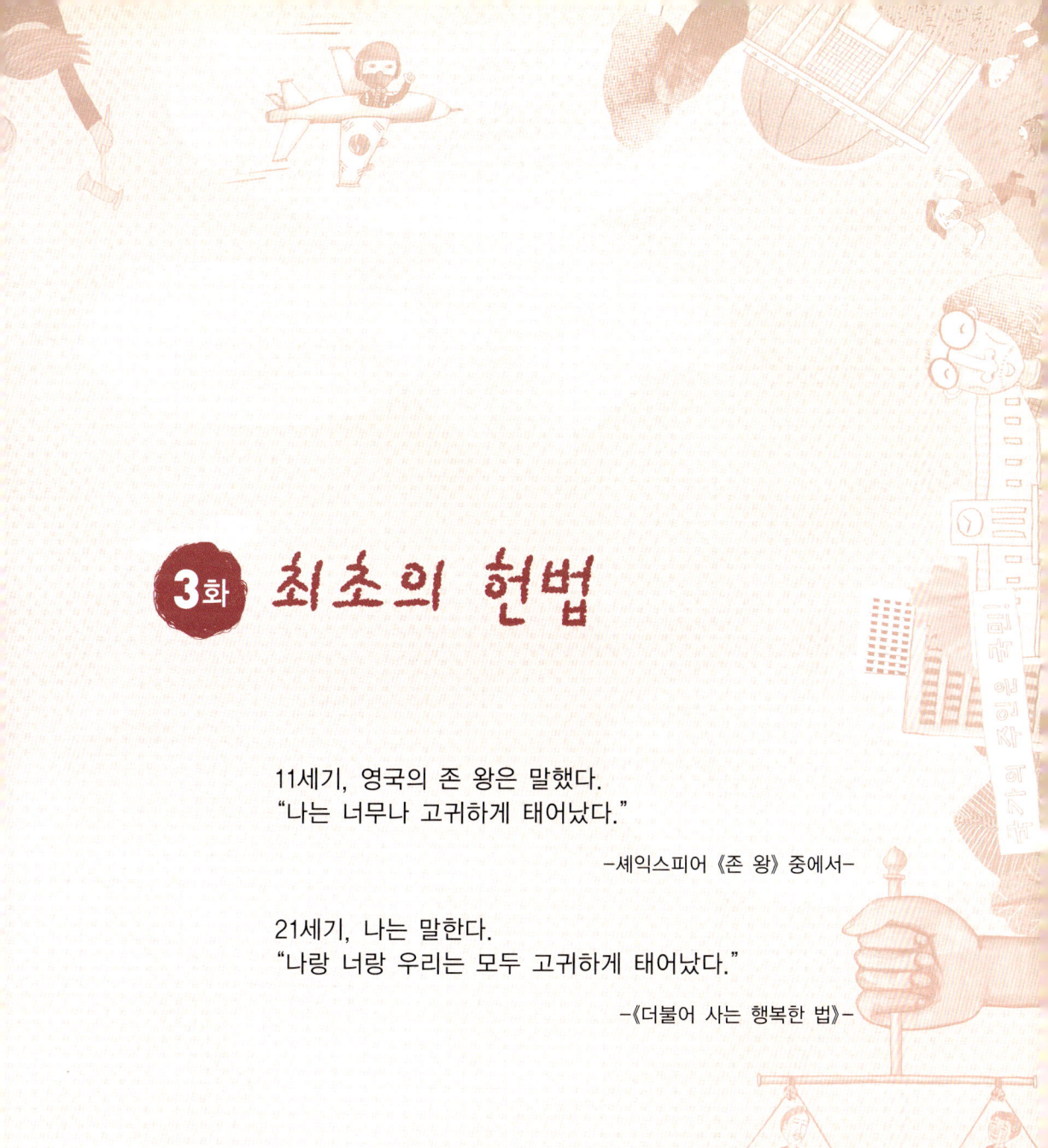

3화 최초의 헌법

11세기, 영국의 존 왕은 말했다.
"나는 너무나 고귀하게 태어났다."

-셰익스피어《존 왕》중에서-

21세기, 나는 말한다.
"나랑 너랑 우리는 모두 고귀하게 태어났다."

-《더불어 사는 행복한 법》-

토미야 힘내!

"이런, 늦었잖아."

토미는 언덕 위에 있는 셔크 공작의 성을 향해 달렸습니다.

오늘은 셔크 공작의 성에서 성대한 파티가 열립니다. 창고 앞에는 이미 여러 사람이 모여 있습니다.

"안녕하세요. 샐리 아줌마, 무코 아저씨."

"늦었구나, 토미."

"엄마가 몸이 안 좋으셔서 물을 길어 드리고 오느라……."

"서둘러. 집사가 오기 전에 준비해 놓지 않으면 곡식을 줄일지도 몰라."

"이리 오렴, 아줌마가 도와줄게."

샐리 아줌마가 토미의 몸에 하얀 석회석을 바르기 시작합니다.

"저 아이가 토마스의 아들, 토미구먼."

"쯧쯧, 불쌍한 것. 토마스가 감옥에 갇힌 후로 살림살이가 말이 아니래요. 그래서 저 어린 게 이 일이라도 하겠다고 열심이에요."

"아 글쎄, 토지 세금을 낼 돈이 없다니까 존 왕이 뭐라고 판결했는 줄 알아? '토지가 있어서 토지 세금을 내야 하는 거니까, 세금을 내기 싫으면 토지가 없으면 된다. 그러니 그 토지를 몽땅 왕에게 바쳐라' 이랬다지 뭐야."

"그 판결을 듣고 토마스가 화가 나서 왕에게 달려들었다가 토지도 빼앗기고 벌써 7년째 감옥에 갇혀 있는 거잖아."

"어휴, 망할 놈의 세상. 우리 같은 무지렁이는 죽거나 말거나 아무도 관심 없다고. 차라리 왕에게 대들어 보기라도 한 토마스가 속 편할 거 같아."

토미는 아빠의 얼굴이 기억나지 않습니다. 토미가 세 살 때 감옥에 끌려간 아빠는 언제 돌아오실지 알 수 없습니다. 할머니는 충격으로 쓰러지셨고 몸이 약한 엄마는 여동생 메리를 돌보고 살림하는 것만으로도 힘들어 했습니다. 그래서 이제 열 살이 된 토미가 이웃집 농사도 거들고 심부름도 대신해 주며 하루하루 먹을 것을 구합니다.

오늘 토미가 할 일은 인간 조각상입니다. 귀족이 파티를 하면, 정원 곳곳에 조각상을 세워 두는데 실제 조각상은 비싸기도 하고 항상 똑같으니 지겨워지기도 해서, 요즘 귀족 사이에서는 인간 조각

상을 세우는 게 유행입니다. 하얀 석회석을 머리부터 발끝까지 뒤집어쓰고 집사가 정해 준 자리에, 정해 준 자세로 서 있는 것이 토미의 일입니다. 이 일을 하고 토미는 한 자루의 곡식을 얻습니다. 어린 토미가 식량을 구할 수 있는 방법은 이것밖에 없습니다.

"넌 저택 뒤쪽, 연못가에 서 있어. 감시하는 사람이 없다고 움직였다가는 곡식을 한 톨도 못 받을 줄 알아라."

"네, 걱정하지 마세요. 절대 움직이지 않겠습니다."

토미는 조각가가 정해준 대로, 한 손은 가슴에 얹고 다른 손은 하늘을 가리키는 자세를 취했습니다.

"파티가 끝나면 사람을 보내마. 오늘 파티는 금방 끝날 거니까 운이 좋은 날이지."

"절대 움직여선 안 된다."

집사와 조각가는 토미를 두고 저택 안으로 들어갔습니다.

'오늘은 점심 파티라 금세 끝난다고 했는데, 이상하네.'

다리가 저린 지도 한참 되어 이젠 쥐가 난 듯 아무 감각이 없습니다. 곧 넘어질 것만 같습니다. 들어 올린 팔도 부들부들 떨립니다. 아직 아무도 토미에게 이제 일이 끝났다고 말하러 오지 않았습니다. 토미는 이를 악물고 참았습니다.

'조금만 더 버티면 돼. 그럼 할머니, 엄마, 메리가 하루 동안 먹을

식량을 구할 수 있다고.'

어느덧 토미가 서 있는 호수에 붉은 노을이 비쳤습니다. 해가 지고 있습니다. 차가운 바람이 넓은 호수에 긴 물결을 만들며 붑니다.

"에취!"

축축한 석회석을 뒤집어 쓴 토미는 몸에 열이 나는 것 같습니다. 하지만 움직여도 된다는 소식은 아직 없습니다.

"흑, 흐으윽."

토미의 입에서 울음이 터집니다. 눈물이 하얗게 석회석을 바른 토미의 얼굴에, 가는 줄무늬를 만들며 흐릅니다. 토미는 입술을 깨물어 울음을 참으려고 노력합니다. 토미는 눈을 감았습니다. 그러자 엄마가 만든 구수한 빵 냄새가 납니다. 김이 모락모락 나는 빵을 입에 넣으며 깔깔깔 웃을 메리의 웃음소리가 들립니다. 토미는 그 자리에 쓰러지고 말았습니다.

● 백성이야 어떻게 되든 자기 배만 채우는 포악한 관리와 귀족, 성직자들을 벌하고 가난한 사람들을 도운 인물, '로빈 후드'를 알고 있니? 그런데 로빈 후드는 실제 인물이 아닐 수도 있다고 해. 하지만 이 이야기에 등장하는 존 왕은 실제 영국의 왕이었어. 근대 민주주의의 첫걸음을 떼게 한, 세계 역사에 큰 변화를 일으킨 왕이지.

대헌장, 왕의 권위에 도전하다

뭐? 근대 민주주의를 시작하게 했으니 존 왕이 훌륭한 왕인 거 같다고? 어이쿠, 그건 절대 아니야. 존 왕은 로빈 후드 이야기에서처럼 사자 왕 리처드의 동생이자, 1199~1216년까지 영국을 다스린 왕이야. 하지만 존 왕은 영국 역사상 가장 못난 왕으로 손꼽히지.

존 왕은 제대로 준비도 하지 않고 계속 전쟁을 벌였고, 교황과 싸우기도 했어. 결과는 모두 참담한 패배였지. 귀족들은 왕의 명령으로 이길 승산도 없는 전쟁에 계속 나가는 데 화가 나 있었어.

존 왕은 귀족들에게 부역 면제세도 받으려고 했지. 전쟁에 나가든가 아니면 전쟁에 쓸 돈을 내든가 하라는 거였어. 결국 귀족들은 존 왕에게 반란을 일으켰어. 존 왕의 어리석은 정치에 지쳐 있던 백성들도 귀족을 지지했어.

존 왕은 반란을 일으킨 귀족들에게 굴복하고 말았어. 귀족들은 존 왕에게 대헌장(마그나 카르타)을 내밀며 사인을 하라고 요청했지. 존 왕은 하는 수 없이 사인을 했는데, 이 대헌장이 바로 세계 각 나라가 민주주의 체제로 바뀌기 시작한 첫걸음이 된 거야.

그럼 대헌장이 뭐기에 민주주의 첫걸음이라는 엄청난 명예를 얻었을까? 대헌장은 그 내용뿐 아니라, 그 자체로 큰 의미가 있어. 최초로 왕의 권력을 제한한 것이거든. 그전까지의 왕은 '왕권신수설'(국왕의 권리는 신에게서 받은 절대적인 것으로, 어떤 것에 의해 제한될 수 없다는 설)의 보호를 받았어. 왕은 태어날 때부터 신에게 왕의 권위를 받았다고 믿었으니, 왕에게 저항한다는 것은 신에게 저항하는 것과 마찬가지였던 거야.

그런데 이토록 대단한 왕을 몇몇 귀족들이 굴복시켰으니 엄청난 사건이지. 그것도 모자라서 왕의 잘못을 지적하고, 자신들에게 함부로 명령하지 못하도록 문서를 만들어서 사인을 하라고 하니, 존 왕의 입장에서 보면, 하늘이 뒤집힐 일이었을 거야.

대헌장, 민주주의의 시작을 알리다

대헌장은 귀족을 위한 내용이라는 한계점이 있지만 민주주의가 한 번에 완성되는 것은 아니야. 영국은 대헌장 이후, 영국 혁명(영국의 청교도 혁명(1649년)과 명예혁명(1688년)을 아울러 일컫는 말)과 권리 청원(1628년에 영국 의회가 찰스 1세에게 승인받은 청원서이다. 청교도 혁명의 직접적인 원인이 되었으며, 불법적인 체포, 구금을 금지하는 등의 규정이 있다.), 권리 장전(1689년에 제정된 영국의 법률이다. 명예혁명의 결과로 이루어진 권리 선언이며, 왕권을 약화시키고, 의회의 힘을 키우는 역할을 했다.) 등의 사건을 겪으면서, 귀족의 자유와 권리가 일반 백성의 자유와 권리로 확대되었어. 또 미국의 독립 선언과 프랑스의 인권 선언에도 큰 영향을 주었고 말이야.

대헌장은 그 내용도 중요해. 왕이 국민의 대표인 의회의 동의 없이는 마음대로 세금을 걷을 수 없다는 것과 법에 의하거나 재판 없이 국민을 체포하거나 가둘 수 없다는 내용이 들어 있어.

왕 마음대로 국민의 재산을 빼앗을 수 없고, 법에 의해서만 벌을 줄 수 있는 거야. 국민의 자유를 보장하는 것이지. 그래서 대헌장이 자유민주주의 국가 헌법의 토대가 되었다고 하는 거야.

▲대헌장(마그나 카르타)

헌법이란 무엇인가?

영국의 대헌장이 만들어진 과정을 생각해 보면, 법이 왜 중요한지 알 수 있지? 법은 왕이나 국가, 힘 있는 사람들이 국민을 함부로 대할 수 없게 하고, 국민의 행복과 권리를 지켜 준단다. 결국, 법은 강제력 있는 규범에 불과하지 않아.

특히 최고 법인 헌법을 보면 내가 사는 나라가 어떤 곳인지, 그 속에 사는 나는 어떤 존재인지 알 수 있지. '정치'를 알면, 국가가 무엇인지, 어떤 역할을 하는지 알 수 있듯이, '헌법'을 알면 내가 사는 국가가 어떤 곳인지를 알 수 있어. 그리고 국가의 주인이 누구인지, 국가는 누구를 위해 있는지도 알려주지. 그래서 헌법을 법 중에 최고 법이라고 한단다. 그럼, 나와 여러분이 사는 대한민국은 어떤 나라인지, 대한민국의 주인은 누구인지 다음 장에서 확인해 볼까?

잠깐! 이런 법이?

- **입헌 정치**
헌법에 따라 정치를 하는 것을 말하며 '법치'라고도 한다. 법은 국민의 대표 기관인 국회에서 만들기 때문에, 국민이 원하는 대로 법을 만드는 것이고, 법에 따라 통치를 받는 것이다.

- **법치의 반대말, 인치**
법치의 반대말로 왕, 귀족, 종교인 등 일부 계층이 정치를 독차지하는 것을 말한다.

 **생각이 깊어지는 자리**

토미는 영국의 가난한 백성입니다. 부모님도 가난한 백성입니다. 존 왕은 영국의 왕입니다. 그의 부모도, 형도 왕이었고, 존 왕 역시 나라를 좌지우지할 수 있는 왕입니다. 하지만 존 왕과 토미는 똑같은 사람입니다.

1 토미가 조각상 일을 그만둘 시간이 지났습니다. 하지만 아무도 토미에게 오지 않았지요. 여러분이 토미라면 어떻게 하겠습니까? 일을 그만해도 될지 확인해 볼까요, 아니면 집사의 말대로 참고 기다릴 건가요?

2 점심 시간이 지나도 아무도 토미에게 그만하라고 말하지 않았습니다. 토미가 그만 병에 걸리고 말았지요. 아버지도 감옥에 있고, 어린 나이에 힘겹게 살고 있는 토미에게 여러분이 편지를 써 보세요.

3 존 왕은 귀족들에게 왕의 권한을 빼앗긴 것이 너무 억울해서 그만 병에 걸리고 말았습니다. 여러분이 존 왕에게 편지를 보낸다면 뭐라고 쓸 것인가요?

_____
_____
_____

4

현 상 수 배

이름 : 로빈 후드 (32세) | **현상금 : 금화 1000냥**

- 외모 : 큰 키에 갸름한 얼굴. 쌍꺼풀이 짙고 왼쪽 뺨에 보조개가 있음.
- 범죄 사실 : 1. 왕을 모욕함.
  2. 여러 차례에 걸쳐 귀족의 자택과 성당에 침입해 도둑질을 함.
  3. 도적단을 만듦.
- 근거지 : 셔우드 숲
- 특징 : 활을 잘 쏨. 스스로 의적(의로운 도둑)이라 믿고 있음.
  리틀 존, 터크 수도사, 음유 시인, 땜장이, 경비 대원 등과 함께 다님.

- 로빈 후드는 다른 사람의 돈을 빼앗고 훔쳐서, 그 돈으로 가난하고 힘없는 백성을 도왔습니다. 하지만 도둑질은 법을 어기는 행동입니다. 여러분이 로빈 후드를 발견한다면 어떻게 할 것인가요?

- 로빈 후드가 어렵게 사는 할머니 집에 찾아와 생활비를 두고 갔습니다. 할머니는 이 돈을 받아야 할까요, 아니면 다른 사람이 훔친 돈이라고 경찰에 신고하고 돌려줘야 할까요?

- 로빈 후드는 사람들의 재산을 빼앗는 귀족들의 재산을 다시 빼앗아 주인에게 돌려주었습니다. 하지만 나쁜 행동을 한 사람이 있다면, 법을 통해서 벌을 받게 해야지 스스로 벌을 주거나 해결해서는 안 됩니다. 이것을 '자력 구제 금지'라고 합니다. 누군가 잘못을 했을 때, 법 대신 사람들이 벌을 주려고 한다면 어떤 일이 벌어질까요?

- 때론 법을 지키지 않았지만 사람들에게 도움이 된 경우가 있지요. 책, TV, 드라마, 생활에서 찾아보세요.

4화 대한민국 최초의 헌법

대한민국을 세우며 가장 먼저 한 일,
국민의 대표 국회 의원을 뽑았다.
그 국회 의원들이 가장 먼저 한 일, 헌법을 만들었다.
도대체 헌법이 뭐기에!

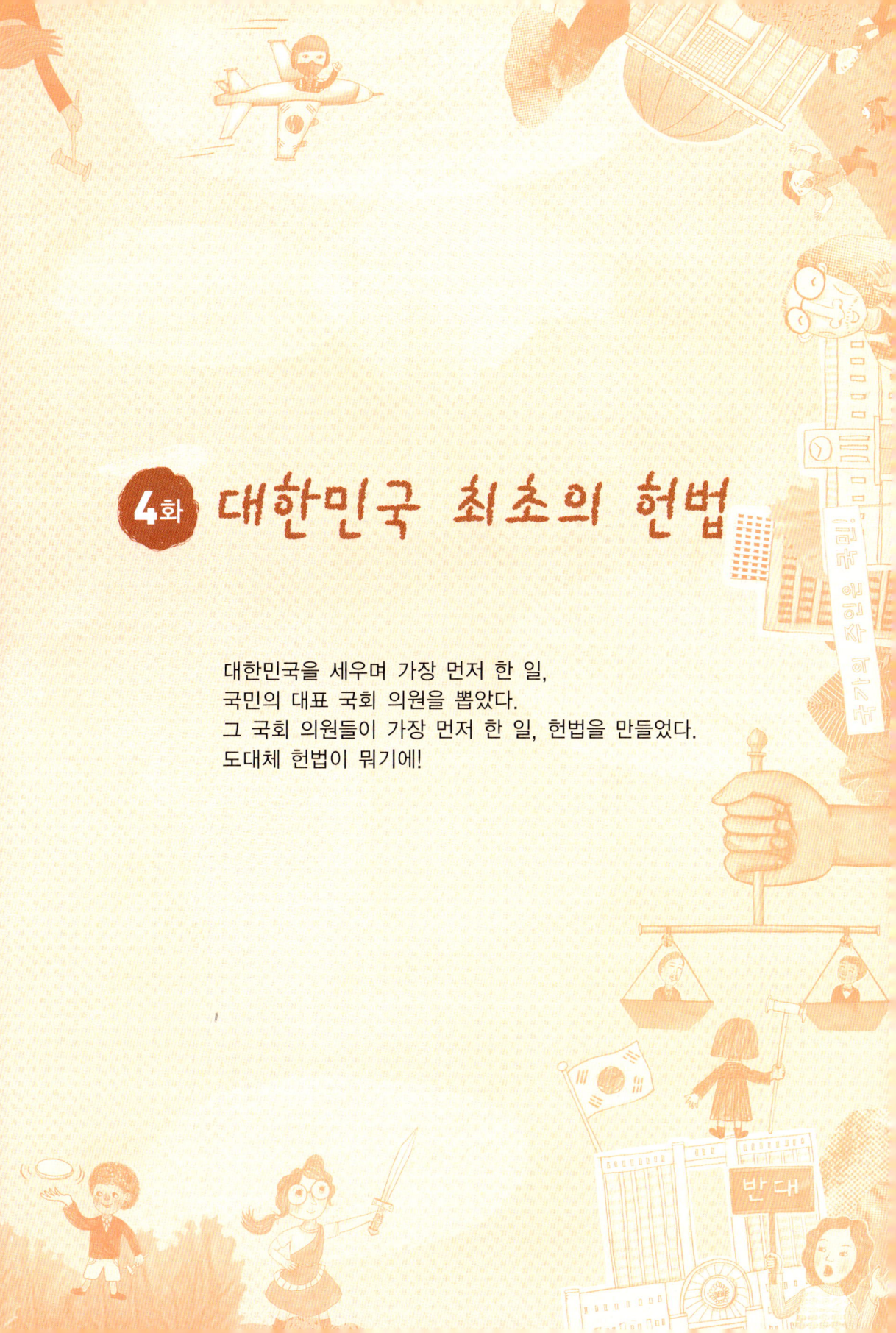

독립을, 자유 민주 국가를 외치다

우리 조선은 이에 우리 조선이 독립한 나라임과
조선 사람이 자주적인 민족임을 선언한다.

— 중략 —

천만세 조상들의 넋이 은밀히 우리를 지키며 전 세계의
움직임이 우리를 밖에서 보호할 것이니
시작함이 곧 성공일 것!
다만 저 앞의 빛으로 힘차게 나아갈 따름이다.

— 나라를 세운 지 사천이백오십이년 되는 해 삼월 초하루

독립 선언서에 서명한 33인의 대표 대신, 한 청년이 탑골 공원의 누각에 올라 힘차게 독립 선언서를 읽어 내려갔습니다. 독립을 열망하는 사람들이 흥분하여 무력 소동이 생길 것을 걱정한 민족 대표들이 탑골 공원 대신 한 식당에서 독립 선언서를 발표했기 때문입니다.

"우리 조선이 독립국임을 선언한다!"

조선의 독립이 선언되었습니다.

"와! 대한 독립 만세! 만세, 만세!"

"만세! 대한 독립 만세!"

탑골 공원에 모여 있던 수천 명의 사람들이 일제히 두 팔을 번쩍 들며 만세를 불렀습니다. 누가 먼저랄 것도 없이, 탑골 공원에 모였던 사람들이 거리로 쏟아져 나왔습니다. 갓을 쓰고 단정하게 한복 두루마리를 걸친 사람도, 짧게 자른 머리에 양복을 입은 젊은이도 한 목소리로 만세를 부르며 태극기를 흔들었습니다.

목이 터져라 만세를 부르는 사람들 사이에 조판돌과 그의 아들 조명진도 있습니다. 두 사람의 눈에서 감격의 눈물이 흘렀습니다. 두 부자는 쉬지 않고 만세를 불렀습니다.

"대한 독립 만세! 대한 독립 만세!"

"만세! 만세! 대한 독립 만세!"

두 팔을 번쩍 들며 목이 터져라 외치고 또 외쳤지만 그것으로도 부족한 것 같았습니다. 태극기를 흔들며 두 팔 벌려 만세를 외치면 곧 조국의 독립이 올 것만 같았습니다.

조판돌은 영남(지금의 경상도 지역)의 만석꾼(큰 부자)입니다. 고향에서는 '조 부자' 하면 모르는 이가 없을 정도로 유명한 부자입니다. 젊어서부터 험한 일, 남이 꺼리는 일을 가리지 않고 해 억척스럽게 돈을 벌었습니다.

그 덕에 천한 신분으로 태어났지만 지금은 양반 행세를 하며 살고 있습니다. 조정에서는 국고가 비자, 돈을 받고 관직을 팔았습니다. 실제로 관직에 해당하는 정치나 일을 맡는 것은 아니지만, 신분 때문에 설움이 많았던 조판돌은 당장 관직을 샀지요. 자손들만은 떳떳하게 고개 들고 살 수 있게 해 주고 싶었습니다.

그의 아들 조명진은 부유한 부모 덕분에 당시 대한 제국 최고의 학교와 일본에서 공부하며 서양 문물을 접한 신지식인이었습니다. 일본에서 서양 문물을 접하면서, 앞선 기술을 배운 것도 놀라웠지만 그 나라들의 정치 상황에 더욱 충격을 받았습니다.

조선과 일본은 왕이 다스리는 나라, 왕의 나라였는데 서양의 나라들은 자신처럼 평범한 사람들이 나라의 주인이라는 거였습니다. 게다가 모든 사람이 평등하다는 것이었죠. 성실하고 능력도 있어서 재산을 모았지만, 천한 신분 때문에 멸시를 받았던 아버지, 천한 신분에 한을 품고 돈으로 관직을 사서 양반이 된 아버지를 생각하면 다른 나라의 '민주 정치'라는 것은 더욱 귀에 쏙 들어오는 얘기였습니다.

조명진은 모든 사람이 평등하다는 놀라운 사실이 당연한, 그런 나라를 만들고 싶었습니다. 그래서 침략자 일본을 몰아내고 새로운 세상, 모든 사람이 평등하게 사는 민주 국가를 만들고 싶었습니다. 나라를 위한 국민이 아니라, 국민을 위한 나라. 생각만 해도 가슴이 뛰었습니다.

"멈춰라!"

대한 독립 만세를 부르며 시청 앞 거리를 행진하던 사람들이 갑자기 멈췄습니다. 조 씨 부자도 앞 사람에 막혀 그 자리에 섰습니다. 시위대의 뒤쪽에 있던 사람들은 영문을 몰라 웅성거렸습니다.

일행을 가로막고 선 일본 순사들의 모습이 보였습니다. 말을 탄 순사들 뒤로 총을 겨눈 순사들이 줄을 지어 서 있었습니다.

"너희는 일본 천황 폐하의 법을 어겼다. 당장 해산하라, 당장 해산하라."

독립을 외치는 시위대와 일본 순사들 사이에 긴 침묵이 흘렀습니다. 마주서서 서로를 노려보며 아무도 입을 열지 않은 채 시간이 흘렀습니다. 시위대를 겨눈 총이 검게 반짝였습니다.

그때 조판돌이 두 팔을 번쩍 들었습니다.

"대한 독립 만세! 고종 황제를 살해한 놈들은 물러나거라!"

조판돌에 이어 조명진도 만세를 불렀습니다.

"대한 독립 만세! 자유 민주 국가 만세!"

두 사람의 만세 소리에, 주위 사람들도 목이 터져라 '대한 독립 만세'를 외치기 시작했습니다.

"만세! 대한 독립 만세!"

만세 소리는 점점 커져서 온 거리를 가득 채웠습니다.

그러자 말을 타고 있던 일본 순사가 방아쇠를 당겼습니다.

"탕탕탕!"

시위대를 향한 총구가 일제히 불을 뿜었습니다.

"대한 독립 만세! 만세!"

만세를 부를수록 총에 대한 두려움은 어느새 사라지고 더 큰 용기가 솟아났습니다. 독립이 곧 될 것만 같았습니다. 시위대는 만세를 부르며 천천히 앞으로 걸어 나갔습니다.

- 3·1 운동이 곧바로 독립으로 이어진 것은 아니지만, 독립 운동에 큰 불을 지폈어. 중국과 아시아 여러 나라에서도 3·1 운동에 자극을 받아, 독립 운동이 활발하게 펼쳐졌지.

대한민국의 대표적인 옛 법

 문자가 없던 시대거나 기록을 찾을 수 없다 해도, 어느 사회나 규범은 있었어. 우리나라 역시 아주 오래전부터 사회 질서를 지키고 재산을 지키기 위해, 더 많은 사람이 행복하게 살기 위해 규범과 법이 있었어. 그리고 법은 사회가 발전하면서 점차 발달했지. 법은 살아 있는 거라고 했지?

 남아 있는 법 중에 가장 오래된 것은 단군이 다스린 고조선의 8조법(8조금법)이야. 8개의 법이었다고 하는데 지금은 '남을 다치게 하면 곡물로 배상한다, 도둑질을 하면 종으로 삼는다, 살인하면 죽인다'와 같은 3개 조항만 남았어. 8조법 외에도 부여의 1책12법, 고려의 율법 71개조, 조선의 경국대전은 우리나라의 대표적인 법이야.

 이 법들은 왕과 관리가 나라를 다스리는 기준이 되고 사회 질서를 유지하기 위해 지켜야 했던 중요한 법이야. 하지만 이 법들을 대한민국 헌법의 시작이라고 보기는 어려워.

 이 법들은 왕과 귀족들이 대다수의 백성을 다스리기 위한 수단이었을 뿐이니까. 백성에게 법을 어기면 벌을 줄 테니 잘 지키라고만 하는 법, 국가에 복종하라는 법, 백성의 권리는 무시하고 신분에 따라 차별하는 법이니까 말이야. 무엇보다 헌법의 가장 중요한 요소인 국민 주권이라는 생각이 이때는 없었어.

잠깐! 이런 법이?

법은 사회에 영향을 받기 때문에, 법을 보면 그 사회가 어떤 사회였는지 알 수 있다. 고조선의 8조법을 보면, 고조선이 개인의 재산을 중요하게 생각하고, 죄를 지었을 때는 보복을 하는 사회였다는 것을 알 수 있다. 또한 노비가 있었던 신분 사회였고, 남녀가 평등하지 않은 사회였다는 것을 알 수 있다.

• 고조선의 8조법 중 일부

❶ 살인자는 사형에 처하고, 그 가족은 노비로 삼는다.

❷ 부인이 질투하면 사형에 처하되, 그 시체는 산 위에 버린다.

❸ 간음한 자는 사형에 처한다.

❹ 절도자는 12배의 배상을 물린다.

최초의 국민 정부, 상해 임시 정부의 헌법

우리나라에도 국민을 국가의 주인으로 인정하고 국민의 권리를 보장하는 헌법이 만들어지기 시작했어. 그 시작이 바로 3·1 운동이란다. 흔히 3·1 운동은 일본에게 빼앗긴 주권을 찾으려는 독립 운동이라고만 생각하지만 3·1 운동의 가치는 그보다 훨씬 커.

3·1 운동은 왕이 있던 조선(대한 제국)을 민주 공화국으로 바꾸려고 한 운동이야. 왕을 섬기던 백성이, 국민이 국가의 주인인 나라로 바꾸려고 한 것은 엄청난 사건이 아니겠니? 뿐만 아니라 조선에서 벌어진 3·1 운동에 자극을 받은 독립 운동가들이 상하이에 임시 정부를 세우는 계기가 되었지.

이 임시 정부가 세워진 후 가장 먼저 한 일이 헌법을 만드는 거였어. 3·1 운동의 정신을 이어받아서 주권이 국민에게 있고 국민의 대표자들이 법에 따라 국가를 다스려야 한다는 내용이었지. 결국 헌법의 내용은 국민의 권리를 중요시한다는 것을 확실히 밝힌 셈이야. 하지만 이 헌법은 말 그대로 중국 상하이에 세워진 임시 정부의 임시 헌법이었기에 실제로 우리 땅에서는 지켜지지 못했어.

대한민국 헌법을 만들다

　비록 임시 정부의 임시 헌법 실현에는 한계가 있었지만, 임시 헌법에 정해진 기본 정신은 대한민국 헌법의 기초가 되었어. '우리 대한민국은 3·1 운동으로 건립된 대한민국 임시 정부의 법통(법의 계통 혹은 전통)과……' 라고 헌법 전문에 밝히고 있거든. 임시 정부의 헌법이 대한민국을 세우는 기초가 되었다는 의미야.

　하지만 독립이 되자마자, 우리나라는 미국을 지지하는 남한과 소련을 따르는 북한으로 나뉘었어. 그리고 임시 정부를 대표했던 김구 등의 반대에도 불구하고, 1948년 5월 10일 남한에서만 국회 의원을 뽑는 총선거가 시행됐지. 대한민국은 민주 공화국이기 때문에 국가의 주인인 국민을 대표하는 국회 의원을 뽑는 일을 제일 먼저 했던 거야.

　초대 국회(최초의 국회)는 가장 먼저 헌법을 만들었어. 그래서 1948년

7월 12일 헌법(제헌 헌법, 첫 번째 헌법)을 확정하고, 같은 해 7월 17일에 헌법을 공포했지. 그래서 7월 17일이 제헌절이 된 거란다.

대한민국 헌법은 대한민국의 설계도와 같아. 국민이 국가의 주인인지, 아니면 국가의 통치만을 받는 존재인지 알 수 있지. 그리고 국민이 어떤 권리가 있는지, 그 권리를 지켜 주기 위해 국가가 어떤 노력을 해야 하는지도 알 수 있어. 또 국가의 일을, 국민의 뜻에 따라 법을 만드는 입법부와 법을 시행하는 행정부와 법을 기준으로 잘잘못을 판단하는 사법부로 나눈 것도 헌법에서 정한 거야(삼권분립). 그만큼 헌법은 참 중요하단다.

대한민국이 대통령이 있는 국가고, 국민의 뜻에 따라 법을 만드는 입법부, 법을 시행하는 행정부, 법을 기준으로 잘잘못을 판단하는 사법부로 나뉘는 것도 헌법에서 정한 거야. 헌법이 얼마나 중요한지 새삼 알겠지?

잠깐! 이런 법이?

· **법의 종류**
❶ 헌법 ❷ 법률(민법, 형법, 상법, 민사 소송법, 형사 소송법(재판의 절차를 밝힌 법) ❸ 법률과 같은 단계인 긴급 명령과 국제 법규 명령(행정부에서 만듦) ❹ 조례(지방 의회에서 만듦. 자치 단체의 법인 셈) ❺ 규칙(입법, 행정, 사법부 등 국가 기관에서 만듦.)

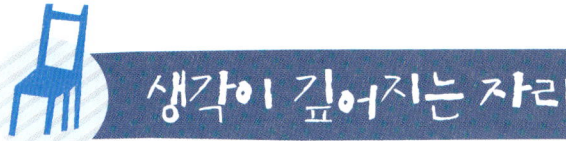
생각이 깊어지는 자리

1 앞의 이야기에서 조판돌이 3·1 운동에 참여한 이유는 무엇입니까?

2 조명진이 3·1 운동에 참여한 이유는 무엇입니까?

3 대한민국 헌법은 '3·1 운동의 정신'을 이어받았다고 밝히고 있습니다. 3·1 운동의 어떤 정신을 이어받았다는 것일까요?

4

남의 집 화재, 강 건너 불 보듯 한다?

어젯밤, 한사랑 마을에 사는 김씨 집에 큰 불이 났습니다. 이 불로 김모 씨의 집이 몽땅 다 타 버려서 졸지에 김씨 가족은 집을 잃고 갈 곳 없는 신세가 되었습니다.

불은 김씨의 아들 방에 피워 둔 모기향이, 옆에 있던 책에 옮겨 붙으면서 시작되었습니다. 마침 김씨 가족이 저녁 외식을 하러 집을 비운 것이 화재를 키웠습니다.

그런데 경찰은 김씨를 박씨 폭행죄로 구속했습니다. 박씨는 김씨의 옆집에 사는데, 김씨 집에서 불이 난 것을 그저 구경만 하고, 화재를 신고하지 않았습니다. 박씨가 제때 화재 신고만 했어도 김씨가 화재로 집을 잃지는 않았을 것입니다. 이 사실을 안 김씨가 격분하여 박씨를 폭행한 것입니다.

박씨의 이야기를 들어 보았습니다.

"자기 집은 자기가 지켜야지 왜 남한테 지켜달라는 겁니까? 자기 집에서 권리가 있는 것처럼, 자기 집을 지킬 의무나 책임도 자기들한테 있는 겁니다."

박씨의 말을 들은 마을 사람들은 맞아도 싸다는 반응을 보였습니다.

- 옆집에서 불이 났는데 그저 구경만 한 박씨의 행동을 어떻게 생각하나요?

- 박씨의 말처럼, 권리가 있으면 그 권리에 따르는 의무가 있습니다. 집을 마음대로 사고 팔 수 있는 권리, 집에서 편하게 살 권리 등이 있지요. 그리고 집에 대한 책임도 있습니다. 하지만 박씨의 행동에 마을 사람들은 찬성하는 것 같지 않습니다. 왜일까요?

- 왕이 다스리는 전제 국가는 왕의 나라입니다. 백성은 권리는 없고 나라와 왕을 지킬 의무만 있습니다. 정치에 필요한 세금을 낼 의무, 왕이 살 성과 길을 만들 의무, 전쟁 나면 목숨을 걸고 싸울 의무 등입니다. 백성들에게 필요한 권리는 무엇이 있을까요?

5화 권력자 마음대로?

1차 개헌 : 국회 의원들이 날 대통령으로 뽑지 않으면,
　　　　　국민이 뽑는 것으로 선거 방법을 바꿔!
2차 개헌 : 다른 사람은 두 번만 대통령을 해야 하지만,
　　　　　나만 세 번까지 대통령 할 수 있게 바꿔!

여러분의 보호단

최준영은 은하 초등학교의 1학기 학생 회장입니다. 회장 선거 때, 준영이는 독특한 공약을 내걸어서 인기가 많았습니다. 바로 학생회 임원들로 구성된 '보호단'을 만들어서, 약한 친구를 괴롭히는 나쁜 친구들로부터 학생들을 지켜 주겠다고 약속했지요. 학교 폭력을 두려워하던 학생들은 준영이를 회장으로 뽑았습니다.

준영이가 회장이 된 후, 학교에서는 왕따와 폭력이 사라졌습니다. 친구를 따돌리고 괴롭히는 학생은 보호단이 학생회실로 끌고 갔습니다. 그리고 착한 학생이 되어 돌아왔지요. 신기하게도 말입니다. 학생들은 안심하고 학교에서 공부하고 놀 수 있었습니다.

그런데 준영이가 학생 회장이 된 지, 두 달쯤 지나자 학생들은 보호단을 두려워하게 되었습니다. 아침마다 보호단이 교문 앞에서 학생들이 지각을 하는지 감시하고, 복도에서 뛰어다니면 어디선가 보호단이 나타나 수첩에 이름을 적었습니다. 쉬는 시간마다 보호단이 돌아다니며 학생들을 감시했습니다. 심지어 체육복이 지저분한 학생, 떠드는 학생, 급식을 남기는 학생까지 보호단의 수첩에 이름이 적혔습니다. 보호단에게 세 번 걸리면, 그 다음에는 학생회실로 불려갔습니다.

학생들은 보호단이 무서워서, 교실은커녕 운동장에서도 제대로 웃고 떠들 수 없었습니다. 점점 학생 회장과 보호단에 대한 불만이 커졌습니다. 그리고 2학기에는 학교에서 자유롭게 지낼 수 있게 하는 학생 회장을 뽑으리라 생각했습니다.

하지만 준영이와 보호단은, 친구들이 자신들의 눈치를 보고 피하고, 자신이 명령하는 대로 고분고분 따르는 것이 참 마음에 들었습니다. 대장이 된 기분이었습니다. 그래서 2학기에도 학생 회장이 되고 싶었습니다. 그런데 문제가 있었습니다.

1학기 회장은 2학기에는 회장 후보로 나설 수 없다는 학생회 규칙이 있었거든요. 그리고 학생들도 자기를 다시 뽑아 줄 것 같지는 않습니다. 그래서 어떻게 하면 2학기에도 회장이 될 수 있는지 준영이와 보호단 친구들이 회의를 하는 중입니다.

"전교 학생들은 왜 나를 좋아하지 않지? 우리 학교가 폭력 없는 학교가 된 것은 모두 내 덕이잖아. 다들 고마운 줄을 모른다니까."

"그러게 말이야. 우리만큼 학생회 일을 잘 하는 사람이 어디 있다고! 준영이가 2학기에도 학생 회장이 되어야 해."

"맞아 맞아. 문제는 학생 회칙이야. 학생 회장은 한 번밖에 못하게 돼 있잖아."

"전교생들이 우릴 뽑지 않을 것도 문제야."

"무슨 좋은 방법이 없을까?"

준영이와 보호단은 고민이었습니다.

"맞아, 그런 방법이 있지. 역시 나는 머리가 좋다니까. 하하하하."

준영이가 손가락을 튕기며 웃었습니다. 그러더니 보호단 친구들을 둘러보며 목소리를 낮춰 말했습니다.

"학생 회칙을 바꾸면 되는 거야. 우리 학교는 학생회에서 학생 회칙을 만들잖아. 학생회에서 학생 회칙을 바꾸는 회의를 하자. 우리가 학생회 임원이니까 회의를 할 것도 없지만 말이야."

"학생 회칙을 어떻게 바꿀 건데?"

보호 단장인 민철이가 물었습니다.

"첫 번째, 1학기 학생 회장도 2학기 학생 회장이 될 수 있다! 두 번째, 학생 회장은 전교 학생을 대신해서 학생회 임원들이 뽑는다!"

"와! 좋은 생각인데?"

"그렇지?"

준영이와 보호단 친구들은 내일 당장, 학생회를 소집하기로 했습니다.

다음 날 학생회 임원들이 모여, 학생 회칙을 바꾸는 것에 대해 찬반 투표를 했습니다. 학생회 임원 대부분이 준영이의 보호단이라 투표 결과는 예상대로는 찬성표가 압도적으로 많았습니다. 이렇게 해서 은하 초등학교 1학기 학생 회장은 2학기에도 학생 회장을 할 수 있고, 회장 선거는 학생회 임원들만 참여하는 것으로 바뀌게 되었습니다. 학생회는 투표 결과와 바뀐 학생 회칙을 큰 종이에 적어서 복도에 붙였습니다.

"이게 뭐야? 왜 자기들 마음대로 학생 회칙을 바꾸지?"

"우리 반 반장이 그러는데, 회장이 2학기에도 자기가 회장을 하려고 학생 회칙을 바꾼 거래. 보호단이랑 자기들끼리 미리 다 짜고 와서 말이야."

"그래서 자기들끼리 회장을 뽑으려는 거구나? 하지만 회장을 뽑는 투표는 우리 학교 학생들의 권리야. 아무리 학생 대표들이 모인 학생회라도 우리 권리를 뺏을 수는 없는 거라고."

정우와 성진이는 불만이었습니다. 1학기 때도 보호단의 눈치를 보느라, 학교에서 제대로 뛰어 놀거나 웃지도 못했는데, 2학기에도 그래야 한다니 상상하기도 싫었습니다. 보호단이 두려워도, 잘못된 일은 고쳐야 한다고 생각했습니다.

학생 회장은 전교생의 대표인데, 전교생이 싫어하는 사람이 회장이 되는 것은 잘못된 것이니까요. 그리고 학생 회칙은 전교생을 위해 만든 것입니다. 은하 초등학교 학생이면 누구나 다 지켜야 하는 규칙이고, 약속입니다. 그런 학생 회칙을 자기들을 위해 고친다는 것은 말이 안 됩니다. 학생 회장마다 자기가 원하는 대로 학생 회칙을 마음대로 바꾼다면, 학생들은 학생 회칙을 무시하고 지키지 않게 될 겁니다.

정우와 성진이도 자신들의 생각을 적은 종이를 복도에 붙였습니다. 자신들의 생각에 동의하는 친구들도 모았습니다. 정우와 성진이의 생각에 찬성하는 학생들이 점점 더 많아졌습니다. 은하 초등학교 학생들은 힘을 모아, 정말 자신들을 위해 일할 학생 회장을 뽑기로 결심했습니다.

- 학생 회칙을 고쳐서라도 한 번 더 학생 회장이 되고 싶은 준영이와 보호단. 2학기에는 새로운 학생 회장을 뽑고 싶은 정우와 성진이 일행. 은하 초등학교의 2학기 학생 회장 선거는 어떻게 되었을까? 그리고 만약 학생 회장이 아니라 대통령이 준영이와 같은 그런 생각을 한다면 어떻게 될까?

헌법을 바꾸자

사회 구성원이 살아가는 모든 곳에는 법이 있어. 헌법에 정해져 있지 않더라도 서로 지키기로 약속한 규칙같은 거 말이야. 학교에는 교칙이 있고, 학생회에는 학생 회칙이, 국가에는 법이 있듯이 말이야. 앞에서 알아본 대로 최고의 법은 헌법이야. 그럼 은하 초등학교 학생회에서 학생 회칙을 고친 것처럼, 헌법의 내용도 마음대로 바꿀 수 있는 것일까?

물론이야. 그리고 그건 당연한 일이고, 또 꼭 필요한 일이야. 왜냐고? 사람들의 생활은 계속 바뀌는데, 법은 옛날 그대로 변하지 않는다면, 법이 제 기능을 할 수 없을 테니까.

만약 대한민국의 제헌 헌법이 지금까지 바뀌지 않았다면, 우리는 대통령을 직접 뽑을 수 없었을 거야. 제헌 헌법에는 대통령은 국회 의원들이 뽑도록 정해져 있으니까.

지금 생각하면 말도 안 되는 일인 것 같지? 실제로 미국처럼 부통령도 있었어. 앞에서도 말했지만, 법의 목적은 사회가 물처럼 잘 흐를 수 있게 해 주는 거야. 그러니 사회가 바뀌면 당연히 법도 계속 바뀌는 거지.

그렇다면 대한민국의 헌법은 몇 번의 변화 과정을 거쳤을까? 정답은 바로 아홉 번! 현재의 헌법은 1987년 마지막으로 바뀐 아홉 번째 내용을 바탕으로 고친 헌법이야. 그럼 대한민국에서는 어떻게

헌법이 바뀌어 왔는지 알아볼까?

대한민국 헌법의 어두운 역사

1948년 대한민국 최초로 헌법이 만들어진 후, 1차 개헌(헌법을 바꿈)은 1952년에 있었어. 앞에서 알아본 대로, 대통령을 뽑는 방법을 바꾼 거야. 이제 모든 국민이 대통령을 직접 뽑을 수 있게 되었어. 그런데 문제는 헌법을 고치는 목적이 의심스러웠던 거야(《더불어 사는 행복한 정치》 참고).

헌법은 어느 개인이나 몇몇 사람을 위한 것이 아니야. 국민 한 사람 한 사람, 넓게는 세계 평화를 위한 것이지. 그런데도 당시 대통령이었던 이승만 대통령과 그 무리들은 헌법을 자기들에게 유리하게 바꿨어. 이승만 정부는 정치에 무능력했어. 국민들은 이승만 대통령에게 실망해서 새로운 대통령을 원했지. 국민의 대표인 국회의원들 역시, 국민이 원하는 대로 다음번 대통령 선거에서는 새로운 대통령을 뽑으려고 했지. 다시 대통령이 되고 싶었던 이승만은 고민이었어. 그런데 1950년 6.25 전쟁이 시작된 거야.

▲초대 대통령 이승만

이승만 대통령 무리는 전쟁 중에 나라가 혼란스러운 틈을 타서 헌법을 고치기로 마음먹었어.

국회의원들은 새로운 대통령을 뽑을 테니, 국민이 직접 대통령을 뽑는 것으로 헌법 내용을 바꾼 거지. 당연히 국회의원들은 헌법을 바꾸는 것에 반대했어. 상식적으로도 전쟁 중에 국가의 기본이 되는 헌법을 바꾸는 이유가 의심스러웠지. 그러자 이승만 일당은 국회의원들을 위협하고 폭력을 휘둘러서, 1952년 헌법을 바꾸는 데 성공했어(1차 개정). 결국 이승만 대통령은 다시 대통령이 되었어. 그리고 그것도 부족해서 죽을 때까지 대통령이 될 수 있도록 다시 헌법을 고쳤어(2차 개정).

이승만 대통령의 1차 개헌부터 1980년 8차 개헌에 이르기까지, 권력을 독차지하기 위해 국민을 무시하고 헌법을 짓밟은 사람들이 있었어. 자기에게 유리하도록 헌법을 뜯어고치고, 국민의 기본권도 억압하려고 했지. 물론 다른 나라들도 헌법을 고치고, 새로운 내용을 더하는 작업을 해. 하지만 헌법을 바꾸는 것은 국민의 권리를 더욱 잘 지키고, 국가의 안정을 위해서여야 해. 결국 국민을 위해서만 헌법을 바꿔야 하는 거야.

헌법은 국민의 것이다

국가가 잘못되는 것을 그냥 두고만 보는 국민은 없어. 이승만대통령과 그 무리의 독재를 바로잡기 위해 국민이 나섰지. 바로 4.19 혁명이야. 4.19혁명으로 이승만 정권은 막을 내렸고, 새 정권은 3, 4

차 헌법을 바꿔서, 더 민주적이고 국민의 기본권을 잘 보장하는 내용으로 헌법을 바꿨어. 특히 이승만 정권이 저지른 부정선거를 거울삼아 국민의 대표를 뽑는 선거를 공정하게 감시하는 중앙선거위원회를 만들었어. 헌법재판소도 만들고, 독재자를 막기 위해 대통령 권한도 줄였지. 그리고 어떤 경우에도 국민의 기본권의 '본질적인 내용'은 지켜 줘야 한다고 밝혔지.

국가의 주인이 국민이듯, 대한민국 헌법의 주인 역시 국민이야. 그래서 대한민국 국민들은 민주주의를 지키기 위해 싸우고 잘못된 헌법을 바로잡았어. 그 결과가 현재의 헌법(1987년 9차 개정한 헌법)이야. 하지만 지금의 헌법이 만병통치약은 아니야. 앞에서 말했듯이 사회가 바뀌면 헌법(법)도 바뀌어야 하고, 국민과 국가를 위해 더 좋은 헌법을 만들려는 노력은 계속되어야 하니까.

생각이 깊어지는 자리

1 은하 초등학교에는, 1학기 회장은 2학기 회장을 하지 못한다는 학생 회칙이 있습니다. 하지만 1학기 회장 최준영은 다시 학생 회장이 되려고 합니다. 여러분이라면 최준영에게 어떤 말을 해 주고 싶나요?

2 은하 초등학교의 보호단은 학생들을 학교 폭력에서 보호합니다. 하지만 학생들은 점점 보호단에 반대합니다. 왜일까요?

3 만약 은하 초등학교 학생들이 1학기 학생 회장을 좋아했다면, 학생 회칙을 어기고 1학기 회장을 다시 2학기 회장으로 뽑아도 될까요?

이의 있습니다!

    이웃사촌인 장수 씨와 윤복 씨가 크게 싸웠습니다. 장수 씨의 대추나무 가지가 옆집 윤복 씨 집 안쪽으로 뻗어 자란 게 문제였습니다. 윤복 씨는 대추나무 가지 때문에 불편하다고 장수 씨에게 말했습니다. 화가 난 윤복 씨는 자신의 마당으로 뻗은 대추나무 가지를 잘라 버렸습니다. 그러자 장수 씨는 윤복 씨를 고소했고 재판이 열렸습니다. 재판 결과는 윤복 씨의 편이었습니다.

    "재판 결과를 받아들일 수 없습니다. 공정하지 않은 재판이었습니다. 윤복 씨가 내 대추나무를 자른 것은 내 재산에 손해를 입힌 겁니다. 그런데도 제가 졌습니다."

    장수 씨는 다시 재판을 신청했으며 자신이 이길 때까지 재판을 계속하겠다고 합니다.

    "한번 재판을 받아서 판결이 났으면 끝난 거지, 다시 재판을 한다는 것은 말도 안 됩니다."

    윤복 씨는 대추나무 때문에 재판을 두 번이나 하는 것은 이해하기 어렵다고 합니다.

    대추나무 때문에 시작된 이웃 간의 재판, 각박해진 우리의 모습인 것 같아 씁쓸합니다.

- 윤복 씨 집 마당으로 대추나무 가지가 뻗어서 윤복 씨에게 피해를 주었습니다. 윤복 씨는 장수 씨의 대추나무를 잘라 장수 씨에게 피해를 주었습니다. 만약 여러분이 판사라면 어떤 판결을 내리겠습니까?

- 같은 사건에 대해 세 번까지 법원에서 재판을 받을 수 있습니다. 만약 어떤 사건을 단 한 번만 재판을 해야 한다면 어떤 문제점이 있을까요?

- 반대로 같은 사건으로 계속 재판을 받을 수 있다면 어떤 문제점이 있을지 생각해 보세요.

나 그리고 대한민국

6화 대한민국은 어떤 나라일까? | 7화 국민의 자격
8화 대한민국의 영토

6화 대한민국은 어떤 나라일까?

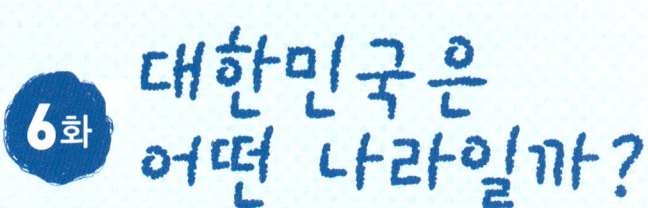

1905년 어느 일요일, 차르(황제)가 다스리던 러시아.
기관차 공장의 노동자들이 회사에서 억울하게 해고당했다.
그들은 자비로운 아버지 차르에게 억울함을 하소연하고 싶었다.
차르를 만나는 길에 수많은 사람이 함께했다.
20만 명이나 되는 사람들이 차르의 초상화를 들고
그에게 축복을 주라는 찬송가를 부르며 차르를 만나러 갔다.
그러나 그들을 기다린 것은, 자비로운 아버지 차르가 보낸
군대와 총이었다. 차르는 그들을 만나는 것도,
성에 들어오게 하는 것도 싫었다.

더 이상 왕을 원하지 않아

"프랑스와 전쟁을 벌인 덕에, 나라가 빚더미에 앉게 되었습니다."
"전쟁에 필요한 돈을 여기저기서 빌렸는데, 이 빚을 어떻게 갚아야 할지 걱정입니다."

영국 의회가 시끌벅적합니다. 프랑스와 7년 동안이나 전쟁을 하면서, 나라 빚이 엄청나게 늘어났습니다. 비록 전쟁에서 이겼다고 해도, 어떻게 빚을 갚아야 할지 걱정이었습니다. 의회에 모여 빚을 어떻게 갚을지 회의를 하는 의원들은 고개를 저었습니다.

"뭘 그런 일로 걱정을 하십니까? 제가 보기엔 별일도 아닌데요."

수상이 나섰습니다. 모두들 무슨 좋은 해결 방법이 있나 싶어 수상의 입만 바라보았습니다.

"그 빚을 왜 우리 영국이 다 갚습니까? 전 세계에 있는 수많은 영국 식민지들도 다 영국 것 아닙니까? 그러니 식민지에 사는 사람들에게 빚을 갚으라고 하면 되지요."

"오! 그것 참 좋은 생각입니다. 식민지 사람들에게 세금을 거두면 되겠습니다."

"특히 미국은 땅도 넓고 자원도 많으니, 더 많은 세금을 거둘 수 있을 겁니다."

이렇게 해서 영국이 진 빚을 갚기 위해 미국은 엄청난 세금을 내게 되었습니다. 하지만 미국에 사는 사람들은 영국의 일방적인 결정을 따를 수 없었습니다.

"설탕을 먹으려면 세금을 내야 한다니, 말도 안 돼요."

"신문을 보려면 인지세를 내야 한다는 건 또 어떻고요. 정부에서 만든 서류에나 인지세를 내는 것이지, 일반 국민이 돈 주고 사서 보는 신문에 인지세라니요?"

"유리, 종이, 페인트, 차 같은 생필품에도 세금을 붙이겠답니다. 이러다 숨 쉬는 공기에도 세금을 붙일까 걱정입니다."

미국에 사는 사람들은 영국의 횡포에 점점 불만이 쌓였습니다. 결국, 보스턴 항구에서 배에 실려 있던 차(茶, tea)를 몽땅 바다에 내다 버리는 사건이 벌어졌습니다. 영국은 내다 버린 찻값을 주기 전에는 보스턴 항구를 이용하지 못하게 했습니다.

이 일로, 미국 각 주의 대표들이 한곳에 모였습니다. 그리고 더 이상 영국에 세금을 내지 않겠다고 결정했습니다. 그리하여 영국과 영국의 식민지였던 미국은 전쟁을 시작했습니다. 영국의 지배에서 벗어나려는 미국의 독립 전쟁이었습니다.

독립 전쟁을 하면서 미국의 주들은 헌법을 만들었습니다. 사람들이 스스로의 나라를 만들기 시작한 것입니다. 미국의 헌법은 왕과 귀족, 부자들의 권리가 아니라 모든 사람의 평등과 자유, 권리를 인정한 최초의 법이었습니다. 사람으로 태어난 오직 그 이유만으로 모든 사람은 누구에게도 빼앗기지 않는 존엄성과 권리를 가진다는 것이었지요. 또한 국가의 주인은 국민이며 국가의 모든 권력은 국민의 것이라고 밝혔습니다. 국가는 단지 국민의 권리, 즉 국민의 생명과 자유, 행복을 지켜 주기 위해 필요할 뿐이라고요.

영국과의 독립 전쟁에서 미국은 승리했습니다. 왕만이 나라를 다스릴 수 있다고 믿었던 전 세계 사람들은 큰 충격을 받았습니다. 대대로 왕의 자리를 이어받는 왕이 아니라 국민이 뽑은 대표가, 국민을 대신 해서 다스리는 나라가 태어난 것입니다.

• 미국은 영국의 왕이 다스리는 식민지였어. 하지만 영국과 싸워서 독립을 이루었지. 세계에서 가장 힘이 센 미국이 겨우 1776년에 세워진 어린(?) 국가라니 신기하지?

가장 센 힘, 주권

미국이 영국의 식민지에서 벗어나 독립국이 되었다는 것은, 다시 말해서 주권이 있는 주권국이 되었다는 거야.

주권이 뭐냐고? 주권은 크게 두 가지의 의미가 있어.

첫째로, 주권은 다른 국가와 힘이 동등한 독립 국가가 되는 제일 주요한 권리야. 그래서 나라를 빼앗겼을 때, '주권을 잃었다'고 말하지. 우리나라도 한때 일본에게 주권을 잃은 식민지였다가 주권을 되찾아 주권국이 되었고. 주권이 있는 나라는 어느 나라든 동등한 권리를 가져. 더 부자인 나라, 더 가난한 나라는 있어도 주권국은 다른 나라가 간섭할 수 없어.

둘째로, 주권은 나라에서 최고로 센 힘이라는 의미도 있어. 나라에서 어떤 일을 할 때 그것을 할지 말지, 어떻게 할지를 결정하는 가장 강한 힘이지. 여기서 국가의 주권이 누구에게 있느냐에 따라 공화국과 군주국으로 구분해.

공화국은 주권이 국민에게 있는 나라를 말하고, 군주국은 영국, 일본, 태국처럼 왕이 다스리는 나라를 의미하지. 그리고 왕이 실제로 나라를 통치하는지 아니면 상징적으로 존재만 하는지에 따라 전제 군주국과 입헌 군주국(현재 일본과 영국이 입헌 군주제이다.)으로 다시 나뉜단다.

대한민국은 어떤 나라일까?

그럼 우리나라는 어떤 나라일까? 그건 헌법을 보면 알 수 있어. '헌법 제1조1항 대한민국은 민주 공화국이다.'라는 문구를 보면 말이지. 아주 짧은 글이지만, 우리가 사는 대한민국에서 큰 의미가 있는 글이야. 어떤 내용인지 하나씩 알아볼까?

우선 우리나라의 이름은 '대한민국'이라는 거야. 그걸 누가 모르냐고? 원래 '대한민국'이란 이름은 조선 시대의 왕, 고종이 나라 이름을 '대한 제국'으로 정한 것을 1948년에 바꾼 거야. 처음으로 헌법을 만들고 국민의 국가를 세우면서 대한민국이라고 부르게 된 거지. 헌법에 우리나라 이름은 '대한민국'이라고 정해져 있기 때문에 나라 이름을 바꾸기 위해서는 헌법을 바꿔야 해.

'민주 공화국'이라는 말은 '민주 국가'와 '공화국'이란 말이 합쳐진 거야. 민주 국가는 국민이 직접 다스리거나, 국민을 대표하는 사람들이 다스리는 국가라는 의미야. '공화국'은 주권이 국민에게 있는 국가를 말하고. 그런데 민주 공화국과 달리 히틀러와 나치가 있던 독일처럼 독재 공화국도 있어.

앞의 이야기에서, 미국은 영국 왕의 것이었다가 국민의 국가가 되었다고 했지? 그럼 왕이 없어졌으니, 누가 미국의 대표자가 돼야 할까? 그래서 미국은 미국을 대표할 사람, 즉 대통령을 뽑았어.

군주국은 아버지가 왕이면 그 아들이 저절로 왕이 되지만, 민주 공화국은 주권자인 국민이 뽑은 대표자가 법에 따라 국가를 다스려. 대표자는 대통령, 수상, 국회 의원 등이 있지. 그리고 대표자는 법으로 정해진 기간 동안만 국가를 다스리고, 그 기간이 지나면 다시 국민이 뽑은 새로운 대표자로 바뀌지. 하지만 어떤 대표자든 국민의 권리와 행복을 우선 생각해서 국가를 다스려야 해. 그렇지 않다면 진정한 대표자라고 할 수 없는 거야.

국민의 대표자가 국가를 다스리더라도, 국민이 직접 주권을 행사하는 경우도 있어. 바로 국민 투표란다. 대한민국 헌법에 따라, 국회 의원과 대통령은 국민 투표로 뽑아. 헌법을 바꿀 때에도 국민이 투표를 해서 찬성을 해야만 바꿀 수 있지. 그리고 대통령은 외교,

국방, 통일과 같이 국가의 안전에 중요한 일은 국민 투표를 통해 국민의 뜻을 물을 수 있어.

우리는 대한민국의 국민이니까 대한민국의 주권을 가지고 있지. 그럼 국민 한 사람의 주권은 얼마만큼일까? 주권을 국민 수만큼 나눈만큼일까? 그건 아니야. 국민 한 사람 한 사람이 전체 주권을 가지고 있어. 그리고 주권은 남녀노소에 상관없이, 대한민국의 국적을 가진 모든 사람에게 있어. 대통령이나 국회 의원 같은 국민의 대표자, 선생님이나 부모님처럼 성인뿐 아니라, 친구들도 대한민국의 주권을 가진 주권자라는 의미지.

그럼 대한민국의 주권을 가진 '국민'이 되는 방법은 무엇일까? 뒤에서 함께 알아보자.

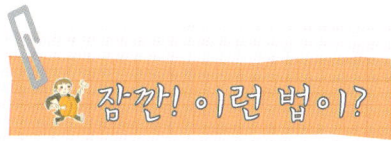

- **최초의 대통령**

미국은 최초로 대통령을 뽑은 나라다. 그래서 최초의 미국 대통령으로 뽑힌 조지 워싱턴은 전 세계에서 최초로 대통령이 된 사람이다.

조지 워싱턴
(1732~1799)

생각이 깊어지는 자리

미국은 왕이 다스리던 영국의 식민지였습니다. 하지만 미국은 영국을 상대로 싸워서 독립했습니다. 이제 미국은 어엿한 주권을 가진 주권국입니다.

1 미국은 영국 왕이 다스리던 식민지에서 국민이 국가의 주인인 민주 국가가 되었습니다. 그런데 이제 왕이 없으니, 국가를 대표할 사람이 필요했습니다. 이 대표자를 무엇이라 부릅니까? 그리고 어떻게 결정합니까?

2 주권은 두 가지 의미가 있습니다. 하나는 다른 나라에게 간섭받지 않는 독립 국가라는 의미입니다. 그럼 다른 의미는 무엇일까요?

3 대한민국은 헌법에 따라 국가를 다스리는 입헌주의 국가입니다. 그럼 대한민국 헌법 제1조1항을 적어 보세요.

4 대한민국의 주권은 누가 가지고 있나요?

5

세기의 결혼식, 30년 만의 경사

세기의 결혼식이라 불리는 영국의 윌리엄 왕자와 케이트 미들턴의 결혼식이 전 세계 20억 인구가 지켜보는 가운데 성대히 치러졌습니다. 윌리엄 왕자는 아버지인 찰스 왕세자에 이어 왕위 계승 서열 2위입니다. 현재 영국의 왕은 엘리자베스 2세입니다.

윌리엄 왕자의 결혼식은 30년 만의 국가적인 경사로, 전 세계인의 관심과 축복 속에 웨스트민스터 성당에서 성대하게 치러졌습니다. 이 결혼은 '현대판 신데렐라'의 탄생이라며 큰 관심을 받았습니다. 350년 만에 평민 출신의 왕세손비를 맞이하는 영국은 이날을 임시 공휴일로 지정하여 전 국민의 축제로 삼아 한껏 들떴습니다.

- 왕과 대통령의 차이는 무엇인가요?

- 영국뿐 아니라 일본에도 왕이 있습니다. 왕이 있어서 좋은 점과 나쁜 점이 무엇일지 생각해 보세요.

- 영국은 왕이 존재하는 군주 국가입니다. 하지만 실제로 나라를 다스리는 것은 왕이 아니며, 왕은 헌법에 정해진 대로의 역할만을 하고 있습니다. 이처럼 왕은 있지만 정치는 법에 따라 국민의 대표가 맡는 국가를 무엇이라고 하나요?

- 만약 우리나라도 왕이 있는 입헌 군주제 국가라면 어땠을지 상상해 보세요.

7화 국민의 자격

출생 신고는 내가 태어났다는 사실을 국가에 알리는 것이다.
이로써 나는 대한민국 국민이 된다.
그럼 출생 신고를 하지 않은 채 대한민국에 사는 사람은
대한민국 국민일까, 아닐까?

"현재 대한민국에는 10,000~30,000명에 이르는 무적자가 있다."
– 한국보건사회연구원 –

박쥐는 어느 나라 국민인가?

아주아주 넓은 숲 속에 날짐승 나라와 길짐승 나라가 있었습니다. 두 나라 사이에는 롱롱 강이라는 길고 큰 강이 마주보고 있었지요. 강에는 섬도 있었어요. 그 섬은 두 나라가 함께 사용했는데, 사시사철 달콤한 과일과 고소한 열매가 주렁주렁 열리는 나무들이 가득했어요. 그래서 그 섬을 생명의 섬이라고 불렀지요.

어느 날, 물을 마시러 온 사슴과 딱따구리가 강을 사이에 두고 만났어요.

"오늘이 벌써 며칠째지?"

"글쎄……, 하도 오래되어서 기억도 안 나는구먼."

"제발 오늘이라도 비가 좀 와야 할 텐데 말이야. 이러다 정말 큰

일 나겠어."

"그러게 말일세. 그냥 장대비가 주룩주룩 쏟아진다면 내가 소원이 없겠구먼."

"나는 조록조록 가는 비라도 내려 주기만 한다면야 더 이상 바랄 게 없네."

벌써 여러 달째 비가 오지 않았어요. 한두 달 정도씩은 비가 안 온 적이 있지만 이번 해처럼 일 년이 다 되도록 비가 안 온 적은 처음이었어요.

"이보시오, 총리! 아직 비 소식은 없소?"

날짐승 나라의 독수리 대통령이 황새 총리에게 물었어요.

"제 나이가 스무 살이나 되었지만, 이런 가뭄은 처음 겪어 봅니다. 국민들은 기우제라도 올려야 하는 것 아니냐고 아우성입니다."

"비만 온다면야 기우제가 아니라 뭔들 못 하겠소. 당장 기우제를 올립시다."

그래서 날짐승 나라에서는 비가 오기를 비는 기우제를 지냈어요. 독수리 대통령은 온몸을 깨끗이 하고 며칠 동안 간절하게 기도를 한 후에 기우제에 참가했어요. 가뭄에 지친 날짐승 나라의 온 국민이 함께 하늘에 기도했어요. 그렇게 하루, 이틀 쉬지 않고 기원한 지가 벌써 일주일째입니다. 비가 오기를 간절히 바란 만큼 국민의 실망은 더욱 컸습니다.

"기우제고 뭐고 다 소용 없는 일이야. 비가 올 기미도 없으니, 이제는 남아 있는 물이라도 철저히 지키는 수밖에 없어."

"맞아요. 롱롱 강의 물이라도 우리가 차지해야 해요."

그때, 산비둘기가 숨을 헐떡이며 날아왔습니다.

"큰일 났습니다. 길짐승 국민들이 롱롱 강이 자신의 영토라고 주장하면서 강에서 헤엄을 치던 우리 국민을 모두 몰아냈습니다."

"뭐라고? 그건 말도 안 돼!"

가뜩이나 기우제를 지내도 비가 오지 않아 화가 나 있던 날짐승 국민들은 불같이 화가 났어요.

"당장 길짐승 국에 쳐들어갑시다."

"이건 길짐승 국에서 우리 날짐승 국에 선전 포고를 한 거야."

"맞아, 맞아. 이제 전쟁이야, 전쟁!"

한편 길짐승 국에서는 회의가 한창이었어요.

"개코 장관! 언제쯤 비가 오겠소? 정말 걱정이 이만저만이 아니오."

길짐승 나라의 대통령인 사자가 개코원숭이에게 물었어요.

개코원숭이는 공기의 냄새를 맡아서 비가 올지, 또 언제 올지를 정확하게 맞추는 신기한 능력이 있었거든요. 개코원숭이는 코를 킁킁거리며 냄새를 맡았지만, 어디에서도 비 냄새는 나지 않았어요.

"안타깝게도 각하, 몇 달 전과 마찬가지로 비가 올 기미가 전혀 없습니다."

"국민들의 불만도 하늘을 찌를 듯합니다. 이러다 폭동이라도 일어나는 것은 아닌지 걱정입니다."

사자 대통령과 함께 있던 모든 장관들은 땅이 꺼져라 긴 한숨만 내쉬었어요.

그때 대통령의 비서가 달려 왔어요.

"큰일 났습니다. 생명의 섬에서 열매를 따 먹던 우리 국민이 날짐승 국의 공격을 받고 모두 쫓겨났다고 합니다."

"그게 무슨 말이오? 생명의 섬은 우리 길짐승 국과 날짐승 국의 공동 소유가 아니오?"

"가뭄으로 나무와 풀이 말라 죽어서 먹을 것이 줄어들자, 날짐승 국에서 섬을 독차지하려는 속셈인 것 같습니다."

"각하, 이건 선전 포고입니다. 전쟁이 시작된 것입니다."

표범 국방 장관이 주먹을 움켜쥐며 소리쳤어요.

이렇게 해서 날짐승 국과 길짐승 국은 전쟁을 하게 되었어요. 마실 물과 먹을 열매가 없으면 모두 굶주릴 수밖에 없는 상황이라, 양 국가 모두 죽을 각오를 하고 전쟁에 참여했어요. 무서운 전쟁은 한동안 계속되었습니다.

날짐승들은 공중에서 돌이나 나뭇가지를 길짐승에게 던졌어요. 잽싸게 날아가 날카로운 부리와 발톱으로 길짐승의 얼굴을 할퀴었습니다. 길짐승은 날짐승이 나뭇가지나 바위에 앉아 쉬려고 하면 달려들어서 잠시도 쉴 수 없게 했어요. 엄청난 속도로 달려들어서 날짐승들을 물고 발로 걷어찼지요.

두 나라가 피를 흘리며 전투를 할 때, 그들을 가만히 지켜보는 동물이 있었어요. 바로 박쥐였지요.

"롱롱 강물이나 생명의 섬의 달콤한 열매를 먹으려면 전쟁에서 이길 나라에 붙어야 하는데 말이야. 날짐승 국 편들었다가 길짐승 국이 이기면? 길짐승 국 편을 들었는데 날짐승 국이 이기면? 호오, 이것 참! 어느 나라가 이길지 알 수가 있나?"

결국 박쥐는 전쟁을 지켜보다 이길 것 같은 나라에 편들기로 했어요. 싸우는 상황을 보니, 길짐승 국이 이기고 있었어요. 박쥐는

한달음에 사자 대통령에게 달려갔어요.

"저도 전쟁에 참가하게 해 주세요. 보시다시피 저는 쥐입니다. 분명히 길짐승이지요."

"그렇군요. 분명 우리 길짐승 국의 국민이십니다. 자, 전쟁터에서 용감하게 싸워 주십시오."

박쥐는 길짐승 국의 편에 참여해서 전쟁에 나가 날짐승 국을 상대로 싸웠습니다.

그런데 다음날은 날짐승 국이 어찌나 용감하게 싸우는지, 길짐승 국이 구석으로 몰리게 되었습니다.

'아차, 내가 성급했군. 이 전쟁에서 날짐승 국이 이길 것 같잖아?'

그래서 박쥐는 몰래 길짐승 나라의 독수리 대통령을 찾아갔습니다.

"각하, 저는 박쥐입니다. 날짐승 국을 위해 이번 전쟁에 참여하게 해 주십시오. 목숨을 바쳐 용감하게 싸우겠습니다."

"어제 전투에서 박쥐 씨가 길짐승 군대에 있는 것을 본 것 같은데……."

"잘못 보신 깁니다. 날짐승인 제가 왜 길짐승 국의 편을 들겠습니까? 보십시오. 이 긴 날개를 말입니다."

박쥐는 날개를 있는 대로 쭈욱 펼쳐 보였습니다.

그렇게 해서 박쥐는 날짐승 국의 편에서 길짐승 국과 싸웠습니다.

그렇게 치열한 전쟁이 계속 되자, 양 국가는 지쳐 버렸습니다.

"예전엔 날짐승 국과 참 친하게 지냈는데 말이야."

"우리 날짐승 국이 힘들 때마다 길짐승 국에서 소매를 걷어서 도와주었지."

"어쩌다 우리가 이렇게 됐을까? 아직 롱롱 강의 물도 있고 생명의 섬에도 열매가 남아 있잖아."

"그래 그래. 힘들 때일수록 서로 도와야 하는데……, 우리가 너무 어리석었어."

"더 이상 싸우지 맙시다! 전쟁을 끝냅시다!"

길짐승 국과 날짐승 국은 전쟁을 멈추고 화해를 했고, 숲은 다시 평화로워졌어요. 그러나 박쥐만은 다시 찾은 평화를 즐길 수 없었어요.

"박쥐 씨는 쥐니까 분명 길짐승 국의 국민이지요? 그러니 다시는 우리나라에 오지 마십시오."

날짐승 국은 박쥐를 쫓아냈어요.

"박쥐는 날개가 있으니 우리 길짐승 국의 국민은 아닙니다. 틀림없이 날짐승 국의 국민이지요."

길짐승 국에서도 박쥐를 받아들이지 않았어요.

박쥐는 부끄러워서 얼굴을 들 수 없었어요. 그때부터 박쥐는 어두컴컴한 동굴 속에 숨어 살면서 밤에만 다니게 되었답니다.

• 위의 이야기는 이솝의 박쥐 이야기를 꾸며 본 거야. 박쥐는 길짐승 나라의 국민일까, 날짐승 나라의 국민일까? 아니, 생김새에 따라 어느 나라의 국민인지 정할 수는 있는 걸까? 너희도 생각해 보렴.

아무나 국민이 될 수 없다?

이야기 속 동물의 나라에서는 생긴 모습으로 국적(그 나라의 국민이 되는 자격)을 정했지? 박쥐처럼 어느 나라에 속하기 애매한 동물도 있었지만 말이야.

그렇다면 나라들은 국민의 자격을 어떻게 정할까? 대한민국 국민이 되는 자격은 헌법으로 정해. 헌법 제2조에 '대한민국의 국민이 되는 요건은 법률로 정한다.'고 되어 있지.

국민이 될 자격을 헌법으로 정하는 이유는 뭘까? 내가 어느 나라의 국민이 될지를 결정할 만큼 헌법이 중요하다는 말도 되지만, 반대로 국민이 된다는 것에도 매우 중요한 의미가 있다는 것을 말해 주는 거야.

왕이 다스리던 나라에서는 누가 백성이 되든 상관이 없었어. 백성은 그저 왕이 시키는 대로 세금 내고, 일을 하면 되었으니까. 하지만 민주 국가에서는 국민 한 사람 한 사람이 국가의 최고 권력인 주권을 가진 중요한 존재야. 대표자를 통해서이기는 하지만 국민의 뜻에 따라 국가가 운영되지. 그러니 아무에게나 그 나라의 주인으로서의 자격을 줄 수는 없는 거야.

대한민국의 국민이 되기 위해서는 어떤 자격이 필요할까? 곰곰이 생각해 보자.

대한민국 국민의 자격?

친구들은 대부분 국적이 대한민국이지? 정말 대한민국 국민이라는 것을 확신하니? 왜? 어떻게? 대한민국 국민이라는 것을 확신한다면, 대한민국 국적을 가지기 위해 어떤 일을 했지? 태어나자마자 '나는 대한민국의 국민임을 선택합니다!' 라고 외쳤을까? 아니면 집 앞에 '나는 대한민국 국민입니다' 라는 팻말을 붙이고 있니?

선생님이 참 이상한 얘기를 한다고? 태어나면서부터 대한민국 국민이 되었는데 갑자기 왜 이런 소리를 하는지 말이야. 맞아! 사실 우리는 저절로 대한민국 국민이 된 거야. 부모님이 대한민국 국민이라면 말이야.

대한민국은 속인 주의(혈통 주의)를 원칙으로 하고 있기 때문이지. 속인 주의는 어느 곳에서 태어났든 상관없이, 그 부모의 국적을 따른다는 원칙이야. 대한민국, 독일, 아시아의 여러 나라들이 속인 주의 국가야.

그리고 그 나라의 영토에서 태어나면 국민의 자격을 얻는 속지 주의 국가도 있어. 부모님이 대한민국 사람이어도 내가 미국 땅에서 태어났다면 미국 국적을 얻을 수 있지. 프랑스도 속지 주의 국가야.

국적이 두 개인 사람

　각 나라마다 국적을 정하는 기준이 다르기 때문에, 두 개 국가의 국적을 얻을 수도 있어. 예를 들면, 속인 주의 국가인 대한민국 국적의 부모가 속지 주의 국가인 미국에서 아이를 낳았다면 그 아이는 어느 나라 국적을 가지게 될까? 부모를 따라 대한민국 국적? 아니면 자기가 태어난 미국의 법에 따라 미국 국적?

　이럴 경우에는 대한민국의 국적도 가질 수 있고, 미국의 국적을 가질 수도 있지. 두 국가 중에 하나를 선택하거나 두 개의 국적(이중 국적)을 가지게 되지.

　가끔 뉴스를 보면 '재외 국민'이라는 말이 나와. 재외 국민은 한국 국적을 가지고 있지만 다른 나라에 살고 있는 사람을 말해. 살고 있는 나라의 국적은 없지만, 그 나라에서 계속 살 수 있는 권리가 있는 사람이지.

　대한민국에 살고 있지도 않은데, 대한민국 국민이라고 하는 이유는 뭘까? 그건 국민은 어느 상황에서도 국가의 보호를 받을 권리가 있기 때문이야. 그래서 다른 나라의 국적을 얻어서 그 나라의 보호를 받기 전까지는, 대한민국이 보호해 줘야 하지.

　그런데 만약 국적이 없다면 어떨까? 어느 국가에도 속하지 않았으니 이거 해라, 저거 하지 마라, 라고 간섭할 나라가 없으니 자유롭고 좋을까? 아니면 어떤 위험을 겪어도 보호해 줄 국가가 없으니

불안하고 힘들까?

국적이 있는 국민이기에 가지는 권리와 의무는 어떤 것인지 4장에서 알아볼 거야.

생각이 깊어지는 자리

길짐승 국과 날짐승 국이 물을 차지하기 위해 전쟁을 벌였습니다. 박쥐는 이기는 국가의 국민이 되기로 마음먹었습니다. 그러다 결국 길짐승 국에서도, 날짐승 국에서도 쫓겨나고 말았습니다.

1 박쥐는 길짐승 국 국민일까요, 날짐승 국 국민일까요? 그렇게 생각한 이유는 무엇인가요?

_____
_____
_____

2 전쟁이 끝나고, 길짐승 국과 날짐승 국은 모두 박쥐를 받아들이지 않았습니다. 그 이유는 무엇일까요? 만약 박쥐처럼 나라에서 국민으로 인정해 주지 않으면 어떤 마음일지 생각해 보세요.

_____
_____
_____

3 박쥐는 국가가 어려움에 빠졌을 때, 국가를 도울 생각은 않고, 자신의 이익만 얻으려 했습니다. 여러분은 박쥐를 만난다면 어떤 충고를 해 줄 수 있을까요?

4 박쥐는 동굴에 살면서 밤에만 움직이게 되었습니다. 박쥐는 다시 길짐승 국이나 날짐승 국의 국민이 되고 싶습니다. 어떻게 하면 좋을까요?

5 국적이 없는 사람들도 있습니다. 현재 어떤 사람들이 국적이 없는지 찾아보고, 만약 여러분에게도 국적이 없다면 어떤 마음일지 생각해 보세요.

6 이야기로 생각하기

아빠는 한국 사람, 엄마는 베트남 사람

점점 다문화 가정에 대한 관심이 높아지고 있다. 다문화 가정이란, 국적, 인종, 문화가 다른 남자와 여자가 결혼하거나 다른 나라의 자녀를 입양해서 만든 가정을 말한다. 우리나라 다문화 가정은 한국인 남자와 외국인 여자가 결혼한 가정이 많다.

다문화 가정이 늘어나면서 문제점 또한 늘고 있다. 특히 다문화 가정의 자녀들이 피해를 보는 경우가 많다. 한국어에 서툰 외국인 엄마에게 한글을 제대로 배우지 못하거나, 외모가 다르다는 이유로 친구들에게 따돌림을 당하기 때문이다. 결국 다문화 가정의 자녀가 학업을 포기하는 경우까지 발생한다.

2011년 현재, 대한민국의 다문화 가정은 100만 명이 넘는다. 부모의 국적이 한국이 아니라고 해서, 외모가 조금 다르다고 해서 이들을 더 이상 외국인 취급하고 차별해서는 안 될 것이다. 또한 이들이 한국에 더욱 잘 적응하여 건강한 한국인으로 살 수 있도록 다양한 대책을 마련해야 할 것이다.

- 어떤 사람을 한국인이라고 말할 수 있을까요? 생각해 보세요.

- 여러분의 반에 다문화 가정의 친구가 전학을 왔습니다. 여러분은 어떤 기분이 들 것 같나요?

- 만약 여러분이 외국에 나가서 살아야 하는데, 그 나라 친구들이 여러분을 외국인이라고 놀리고 따돌립니다. 어떤 기분이 들까요?

8화 대한민국의 영토

갑돌이의 땅이 욕심난다.
그래서 갑돌이 땅에 집을 짓고 살았다.
마음 착한 갑돌이는 내게 아무런 불평도 하지 않았다.
20년 후, 갑돌이의 땅은 내 땅이 되었다.
주인이 아무런 간섭도 하지 않으면 남의 땅이라도
법에 따라 뺏을 수 있다는 사실, 갑돌이는 몰랐을걸?

독도를 지킨 안용복

 모처럼 동해가 잔잔합니다. 며칠 동안 사춘기 소녀처럼 갈피를 잡을 수 없던 파도가 살랑살랑 바람도 곱습니다.
 "용복이, 오늘은 물에 나가야지?"
 "그럼, 며칠 동안 땅에 붙어 있었더니 나무처럼 뿌리를 내려서 땅에 박힐 지경이야."
 "허허허허. 그러게. 섬사람은 출렁거리는 바다에 있어야지. 땅에서는 영 심심해."
 안용복과 옆집에 사는 박어둔은 부산 동래 사람인데, 울릉도에서 물고기를 잡는 어부입니다. 조그맣게 농사도 짓습니다.
 바닷가에 나가 보니, 이미 장정 십여 명이 배를 살핀 후 그물을 손질하고 바다로 나갈 준비가 한창입니다.

"어이! 다들 나왔는가?"

"어서 와, 용복이! 오랜만에 물에 나가려니 마음이 급하구먼."

"그러게. 철들고 나서 주구장창 배를 탔는데도, 오늘은 왠지 설레네."

"오늘은 울릉도 근처가 좋겠지?"

"어여 나가 보자고."

안용복과 섬 남자 십여 명은 배를 띄웠습니다. 궂은 날을 제외하고는 늘 함께 배를 타고 물고기를 잡는 사이라, 누가 뭐라 할 것도 없이 손발이 척척 맞습니다. 얼마 안 되어 저만치 울릉도가 보입니다.

"저쪽에 갈매기들이 떼로 몰려 있는데?"

박어둔이 바다 저 멀리를 가리킵니다. 하루살이처럼 작게 보이지만 분명 갈매기들입니다. 그 아래 바다에는 서너 척의 배가 섬 뒤에 숨어 있습니다. 갈매기들은 배에서 버리는 잡물고기를 얻어먹으려 모인 것입니다.

"일본 배들이잖아?"

"뭐? 그 녀석들이 왜 남의 나라에 와서 물고기를 잡아?"

"가 보자고. 이 녀석들을 그냥 두면 안 된다니까."

안용복의 배는 일본 어선을 향해 속도를 높였습니다. 가까이 다가가니 일본 어부들은 이미 물고기를 다 잡고, 떠날 준비를 하고 있습니다.

"이보시오. 당신들은 누구요?"

안용복이 일본 어선을 향해 물었습니다. 하지만 일본 선원들은 들은 척도 않고 일만 했지요. 안용복은 화가 치밀었어요. 함부로 남의 나라 바다에서 물고기를 잡다니, 그건 선전 포고나 마찬가지라 생각했습니다.

"당장 떠나시오, 그렇지 않으면 우리도 가만있지 않을 거요."

안용복이 소리쳤어요.

"우리는 일본 오오야 집안의 어부들이다. 어부가 물고기를 잡는데 너희가 무슨 상관이야?"

일본 선원도 안용복 일행에게 소리쳤습니다.

"저런 나쁜 놈들을 봤나? 남의 나라 바다에 들어와서 물고기를 잡는 건 도둑질이나 마찬가지인데, 무슨 상관이냐고?"

안용복은 화가 치밀었습니다.

"무슨 소리! 여기는 우리 일본 바다야. 너희나 어서 꺼져!"

일본 선원들이 고함을 질렀습니다. 그러고는 배를 몰아, 안용복의 배를 둘러싸기 시작했습니다. 그 사이에 끼어 안용복의 배는 움직일 수 없었어요. 일본 선원들은 날카로운 창을 들고 안용복의 배로 뛰어들었습니다. 배가 뒤집힐 듯 기울어졌습니다. 갑작스런 일에 안용복과 일행은 당황하고 말았습니다.

일본 선원들은 안용복 일행을 위협해서 밧줄로 묶은 다음, 일본으로 끌고 갔습니다. 1693년 조선 숙종 때의 일입니다.

안용복 일행은 돗토리 성의 최고 관리인 태수에게 보내졌습니다. 태수는 안용복 일행을 불러서 자초지종을 물었습니다.

"우리 일본 어부들이 당신들을 잡아 왔다고 하는데, 무슨 일이 있었던 거요?"

"우리는 조선의 어부들입니다."

안용복은 대답했습니다.

"울릉도와 독도가 조선의 영토라는 것은 누구나 다 알고 있는 일입니다. 우리 조선 사람은 선사 시대부터 울릉도와 독도 앞바다에서 고기를 잡았습니다. 그런데 지금 당신네 일본 어부들이 울릉도와 독도가 자기네 영토라고 우기면서, 도리어 우리를 납치하고 고통을 주었습니다."

"그럴 리가. 울릉도와 그 부속 섬인 독도가 조선 영토라는 것은 우리 일본인도 잘 알고 있는 일인데……."

"정부 관리들만 알고 있으면 무슨 소용입니까? 일본 어부들도 이 사실을 알아야 남의 바다에서 조업을 하는 일이 없어질 것 아닙니까? 이번 일은 단지 남의 바다에서 물고기 몇 마리를 잡았다는 문제가 아닙니다. 이건 명백히 우리 조선을 침략한 거나 마찬가지인 겁니다."

"면목이 없소. 내가 대신 사과를 하리다. 다시는 우리 일본 어부들이 울릉도 근처에서 조업을 하지 못하도록 조치하겠소."

태수는 안용복과 일행을 묶은 밧줄을 풀어 주며 사과했습니다.

그리고 은화를 주며 달랬습니다. 하지만 안용복은 은화를 거절했습니다.

"은화는 필요 없습니다. 일본이 다시는 울릉도를 자기 땅이라 우기지 않기만을 바랄 뿐입니다."

"그럼 내가 문서를 써 줄 테니, 혹시라도 일본 어선이 조선 바다에 들어가면 그 문서를 보여 주시오. 그러는 게 어떻겠소?"

태수는 그 자리에서 '울릉도는 일본의 영토가 아니다' 라는 문서를 써 주었습니다. 울릉도에 속한 독도 역시 마찬가지였습니다. 그리고 태수는 이 일을 일본 정부에도 보고하였습니다. 그러고는 안용복 일행이 안전하고 편안하게 조선으로 되돌아갈 수 있도록 했습니다.

그런데 안용복 일행이 일본의 대마도에 이르자 상황이 달라졌습니다. 대마도의 관리가, 태수가 안용복에게 써 준 문서를 빼앗은 것입니다. 안용복은 분했지만 일본정부도 울릉도가 조선의 땅임을 인정한다는 사실을 확인한 것으로 만족해야 했습니다.

그러던 1696년 어느 봄이었습니다. 안용복은 또다시 울릉도 근처에서 일본 어선들을 발견했습니다.

"너희는 왜 조선의 바다를 침범한 것이냐?"

안용복이 큰소리로 꾸짖었습니다.

"우리는 독도에서 사는데, 우연히 울릉도 근처를 지나게 된 것뿐이다. 이제 독도로 돌아가겠다."

일본 선원이 대답했습니다.

안용복은 기가 막혔습니다. 울릉도뿐 아니라 독도도 엄연한 조선의 땅인데, 일본 사람들이 독도에서 살고 있다니. 안용복은 독도까지 일본 어선을 쫓아가서 살림살이를 모조리 부수었습니다. 그러자 일본 사람들이 배를 타고 혼비백산 달아났습니다.

안용복은 그 뒤를 쫓았습니다. 그리고 그 기세를 몰아 일본의 태수를 찾아갔습니다. 약속을 어긴 것을 따지고, 울릉도와 독도가 조선의 영토임을 다시 확인시키기 위해서였습니다.

태수는 다시 중앙 정부에 이 일을 보고하고 그 결과를 안용복에게 전했습니다.

'두 섬이 이미 당신네 나라에 속한 영토이니, 만약 국경을 넘어 조선 영토를 침범하는 사람이 있으면 무겁게 처벌할 것'이라는 내용이었습니다. 그리고 일본 정부는 일본인들에게 울릉도에서 물고기를 잡는 것을 금지시키는 명령을 내렸습니다.

울릉도와 독도가 조선 영토라는 것을 분명하게 확인한 것입니다. 영토를 지키기 위해 용기를 내어 항의한 안용복 덕분이었습니다.

● 평범한 어부였던 안용복과 그 일행의 노력은 아주 큰 성과를 거두었어. 이 역사적 사실을 근거로 1877년 일본 정부는 울릉도와 독도가 조선 영토라고 다시 확인해 주었으니까. 독도 분쟁은 아직까지도 이어지고 있잖아? 너희는 안용복의 행동을 어떻게 생각하니?

독도는 누구 땅?

　울릉도가 처음 우리나라 역사에 등장한 것은 삼국 시대야. 《삼국사기》(고려 시대 김부식이 펴낸 역사책이다. 신라, 고구려, 백제 삼국의 이야기가 적혀 있으며, 《삼국유사》와 함께 우리나라에 현존하는 가장 오래된 역사책이다.)를 보면, 512년에 신라가 울릉도를 정복했다는 기록이 있지. 하지만 삼국 시대 이전부터 울릉도에 이미 사람들이 살았다고 해.

　삼국 시대 이후부터 울릉도는 우리나라 지리 책이나 역사 책에 빠지지 않고 기록되어 있는 우리 영토야. 독도 역시, 울릉도에 포함된 섬이기 때문에 당연히 우리 영토지.

　독도가 우리나라의 영토라는 것은 우리나라의 기록뿐 아니라, 위의 이야기에서처럼 일본도 이미 인정한 사실이야. 그런데도 일본은 지금까지 독도가 자기네 영토라고 우기고 있어.

　영토는 헌법에 적혀 있으니 당연히 우리 땅이라고 마음 놓고 있으면 안 돼. 스스로 지켜야 하는 거지.

헌법에서 밝힌 대한민국의 영토는 어디까지?

　주권이 있고 국민이 수억 명이나 있지만, 그 국민이 주권을 누리며 사는 땅은 없다면 어떨까? 하나의 국가로 인정할 수 있을까? 아니, 그런 국가는 없어. 그래서 국가의 3요소 중 마지막은 바로 영토야. 영토는 국민이 모여 사는 장소, 그 나라의 주권이 미치는 장소 전체를 말해.

그럼 대한민국의 영토는 어디서부터 어디까지일까? 국가를 구성하는 요소이니 만큼, 국가 통치 규범인 헌법에 정리되어 있어. 헌법에 의하면, 대한민국의 영토는 한반도 전체와 그에 속한 모든 섬이라고 표기돼 있지.

그런데 조금 이상하지 않니? 한반도라는 것은 북한을 포함한 지역이지만, 우린 북한을 '우리나라'라고 말하지 않잖아. 마음대로 북한에 갈 수도 없고 말이야.

2장에서 함께 알아본 것처럼, 대한민국은 일본에서 독립한 후 남한 지역만의 선거를 통해 세워진 정부야. 그 후에 북한 지역에서도 '북조선인민공화국'이란 이름으로 정부를 만들었고. 하지만 헌법 전문에서 밝혔듯이, 대한민국은 대한민국 임시 정부를 계승한 유일한 국가야. 그렇기 때문에 실제로는 북한 지역의 영토에 주권을 행사하지는 못해도 원칙적으로는 북한 지역을 포함한 한반도 전체를 영토라고 정하고 있는 거지.

참, 영토는 육지뿐 아니라, 바다(영해)와 하늘(영공)도 포함돼. 해안에서부터 약 22킬로미터까지의 바다가 대한민국의 영토야. 그리고 대한민국의 육지와 바다 위의 하늘도 우리 영토지.

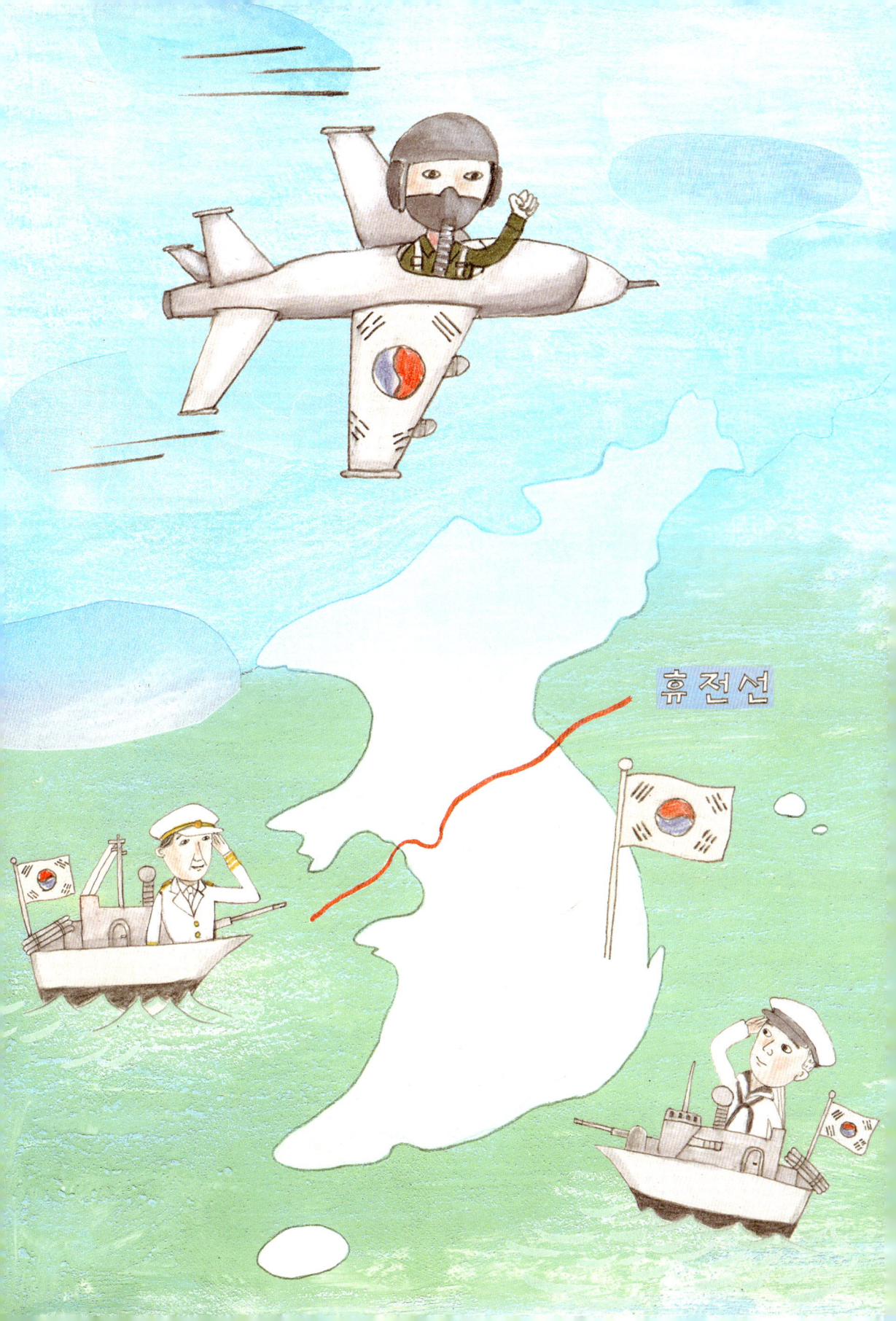

유엔에서 규정한 대한민국의 영토는 어디까지?

다시 애매한 이야기를 해야겠다. 대한민국은 북한을 독립된 국가로 인정하지 않지만, 북한은 대한민국과 동시에 유엔에 가입했거든. 유엔은 북한을 국가로 인정하고 있는 거지. 올림픽에도 북한이 대한민국과 별도로 참가하고 있잖아. 어떻게 북한이 유엔에 단독 국가로 가입할 수 있었을까?

그 이유는 유엔에서 인정하는 대한민국의 영토는 한반도 38선 이남 지역과 섬만 속하기 때문이야. 그래서 대한민국을 세운 후, 최초의 선거에서 38선 이북 지역에 있는 사람들은 선거를 할 수 없었어. 대한민국 국민인 것은 분명한데, 유엔에서 '대한민국 영토는 38선 이남 지역'이라고 정했기 때문이지.

하지만 한반도 지도를 보면, 대한민국의 국경이 자로 선을 그은 듯이 일자는 아니잖아. 38선 이북 지역도 대한민국 국민이 사는 영토였지만, 유엔의 결정을 따랐던 첫 번째 선거에서는 선거권을 박탈당했던 거지.

물론 지금은 모든 국민과 마찬가지로 주권을 가지고 있어. 대한민국 헌법에 명시된 영토와 다른 나라에서 대한민국 영토라고 생각하는 것이 서로 다르기 때문에 생긴 일이지.

생각이 깊어지는 자리

안용복은 일본인이 독도와 울릉도 근처에서 어업을 하는 것을 발견했습니다. 그래서 일본 정부에 이 사실을 따졌습니다. 그리고 일본 정부는 독도가 조선(대한민국)의 영토라는 것을 확인해 주었지요.

1 일본이 독도를 자기네 영토라고 주장하는 이유는 무엇일까요?

2 옛날에는 독도 지킴이 안용복이 있었다면 요즘에는 누가 독도 지킴이라고 생각하나요? 자유롭게 말해 보세요.

3 헌법에 대한민국의 영토가 어디인지 적은 이유는 무엇일까요?

4

대한민국 수도를 옮기는 것은 헌법을 어기는 것!

정부는 행정 수도를 다른 지역으로 옮기기로 결정했고, 국회도 찬성했다. 그러자 서울시 의원 등은 '국민 투표를 해서 국민의 동의를 얻지도 않은 채, 수도를 옮기는 것은 헌법을 어긴 것'이라며 헌법 재판소에 재판을 청구했다.

2004년 10월, 헌법 재판소는 9명의 재판관 중 8명의 찬성으로 수도를 옮기는 것이 '위헌'이라고 결정했다.

재판부는, '국가 안전에 관한 중요한 일은 국민 투표로 국민의 의견을 먼저 물어야 한다.'고 말했다. 정부가 국민 투표 없이 수도를 옮기려고 한 것은 헌법을 어긴 것이라는 것이다.

또한 '서울이 대한민국의 수도'라는 것은 관습 헌법이라고 말했다. 대한민국 헌법에 대한민국 수도는 서울이라고 적혀 있지는 않지만, 오랫동안 국민이 서울을 대한민국의 수도라고 믿고 있었으니 헌법과 같은 힘이 있다는 것이다.

이로써 정부가 수도를 다른 지역으로 옮기기 위해서는, 국민 투표를 통해 국민의 찬성을 얻는 수밖에 없게 되었다.

- 현재 대한민국의 수도는 서울입니다. 만약 수도를 다른 곳으로 옮기면 어떤 변화가 있을까요?

- 헌법 재판소는 국민 투표를 해서 국민이 찬성해야지만 수도를 옮길 수 있다고 판결했습니다. 수도를 옮기는 데 국민의 의견을 묻는 이유는 무엇일까요?

- 정부가 수도를 옮기려고 한 이유는 수도권(서울과 그 주변)에 너무 많은 사람이 모여 살고, 수도권만 발전했기 때문입니다. 그래서 다른 지역에 사는 사람들이 피해를 본다는 사실 때문이지요. 모든 지역이 골고루 발전하기 위한 방법을 생각해 보세요.

9화 법 앞에 평등

죄명은 문둥이…….
이건 참 어처구니없는 벌이 올시다.

아무 법문의 어느 조항에도 없는
내 죄를 변호할 길이 없다.

— 한하운의 시 〈벌〉 중에서 —

죄명은 흑인

"'닐앤톰'의 성공을 축하합니다."

닐과 톰은 동업자입니다. 그들은 '닐앤톰'이라는 운송 업체를 만들어서 크게 성공했습니다. 닐은 오십대 백인이고 톰은 이제 막 서른 살이 된 자유 흑인입니다. 자유 흑인이 뭐냐고요? 음, 자유 흑인이 뭔지 말하기 전에, 이 이야기의 배경을 알려 주는 게 좋겠군요.

1860년대 미국 일리노이 주에서 일어난 일이랍니다.

당시 미국의 남부는 노예 제도에 찬성하고, 북부는 노예 제도에 반대하고 있었습니다. 남부의 흑인들이 대부분 노예 상태였던 것에 비해, 북부의 흑인은 자유인, 즉 자유 흑인이었지요. 일리노이 주도 노예 제도에 반대하는 곳이었습니다.

노예 제도에는 반대하지만, 백인들은 흑인과 함께 생활하는 것을 싫어했습니다. 그리고 자유 흑인이라고 해도, 북부의 흑인은 백인과 동등한 생활을 하지는 못했습니다. 대부분 가난했고 학교에 다닐 기회도 없었습니다.

닐은 백인과 흑인은 평등하다고 생각했습니다. 그래서 성실하고 영리한 톰과 함께 사업을 시작했지요. 주일 학교에서 글과 셈을 배운 게 전부였지만, 톰은 역시나 사업 수완이 좋았습니다.

자신과 같은 처지인 자유 흑인에게 값싼 임금을 주고 직원으로 고용했습니다. 흑인들은 톰을 믿고 열심히 일했고, 톰은 직원을 관리하는 것 외에 회사의 돈을 맡았습니다. 그만큼 닐은 톰을 믿었습니다.

닐은 회사 밖의 일을 맡아서 했습니다. 관청에 가거나 다른 회사와 계약을 하는 것은 닐의 역할이었습니다. 흑인과의 계약은 지키지 않아도 되었기 때문에, 흑인인 톰과 계약을 하려는 회사는 없었으니까요.

북부는 산업이 급속도로 발전하던 시기라, 원자재와 상품을 나르는 운송업을 하는 닐과 톰은, 결국 성공을 거두고 있었습니다. 닐과 톰은 회사의 수익을 정확하게 절반씩 나누었습니다.

때때로 닐은 혼자 사는 톰을 집으로 초대해 함께 식사를 했습니다. 닐의 가족은 톰을 한 가족처럼 대했습니다. 특히 둘째 딸 조세핀은 톰과 연인 사이였습니다. 조세핀은 톰과 결혼하고 싶었지만 톰은 자신이 없었습니다.

톰이 망설이자, 조세핀이 눈물을 보였습니다. 톰은 당황했습니다.

"그, 그게 아니라, 법으로도 백인과 흑인이 결혼하는 것은 금지하고 있고……."

"법이 사랑을 막을 수는 없는 거예요. 멀리 떠나서 살면 되잖아요."

조세핀의 말에 톰은 용기를 냈습니다. 두 사람은 조세핀의 가족에게 사실을 털어놓았습니다. 가족 모두 큰 충격을 받았습니다. 닐은 분노했습니다. 톰을 가족처럼 아꼈는데, 은혜도 모르고 자신의 딸을 유혹했으니까요.

'감히 흑인 주제에……."

닐은 톰을 회사에서 쫓아내기로 마음먹었습니다. 가문의 명예를 위해서라도 톰을 그냥 둘 수는 없었습니다. 모든 사람은 날 때부터 평등하지만, 모두에게 평등한 권리가 있는 것은 아니라고 생각했습니다.

다음 날 톰이 회사에 출근을 하려는데, 닐이 회사에 못 들어오게 막았습니다. 그리고 톰이 소란을 피워 업무를 방해한다며 톰을 고소했습니다. 톰은 영문도 모른 채, 구치소에 갇혔습니다. 그 사이 톰의 죄는 점점 커지고 있었습니다. 물론 닐이 톰을 모함해서 만들어낸 거짓 죄였습니다.

결국 톰은 재판을 받게 되었습니다. 죄명은 회사 돈을 훔쳤다는 것과 백인인 조세핀을 거짓말로 유혹해서 결혼을 하려한 죄였습니다. 그런데 톰의 변호사는 재판을 포기하자고 했습니다. 닐에게 전 재산을 주고 다른 지역으로 떠난다면, 닐이 고소를 없었던 것으로

해 준다는 것이었습니다. 당연히 톰은 반대했습니다. 회사 돈은 단 1센트도 훔친 적이 없었고, 조세핀과는 아직 결혼한 것이 아니니 죄가 될 것도 없었고요.

하지만 재판은 톰에게 불리하게 진행되고 있었습니다. 자신의 결백함을 아는 직원들은 흑인이기 때문에 재판에서 증언을 할 권리가 없었습니다. 또 유죄, 무죄를 결정하는 배심원도 모두 백인들이었습니다. 심지어 톰의 변호사마저 백인이었지요. 재판에 참여하는 어느 누구도 흑인인 톰이 백인인 닐을 이기는 것을 원하지 않았습니다.

"피고인 톰은 유죄입니다. 회사 돈을 훔친 죄목으로 그동안 회사에서 받은 전재산을 몰수합니다. 그리고 백인인 조세핀 양을 유혹하여 결혼하려한 죄목으로 징역 10년 형에 처합니다. 탕탕탕!"

톰이 증언할 기회도, 톰에게 유리한 증언을 해 줄 사람도 없이, 톰은 유죄로 판결을 받았습니다. 톰은 백인과 평등하다고 착각한 흑인이었으니까요.

● 흔히 남북 전쟁 당시에 미국 북부가 노예 제도에 반대했다고 해서 흑인들에게 관대했다고 생각하지만 그것은 사실과 달라. 북부 지역의 백인들 역시 흑인들을 '까마귀'라 부르며 차별했어. 제도와 법이 아니라, 마음으로 흑인을 차별했던 거야.

헌법에 보장된 권리

우리는 태어나면서부터 이미 '사람'이야. 너무 당연한 말이라, 새삼스럽지? 하지만 사람으로 태어났다는 사실은 매우 중요해. 사람이라는 오직 그 이유만으로 우리는 어떤 것보다 소중(존엄)한 존재니까.

우리는 소중함(존엄성)을 지키면서 인간답게 살 권리(인권)를 가지고 태어나. 인권은 하늘에서 준 권리라는 의미에서 천부인권이라고 해.

가장 기본적인 인권이 바로 자유와 평등인데, 만약 혼자 사는 사람이 '다른 사람과 평등할 권리'를 주장하거나 '다른 사람의 간섭 없이 자유롭게 살 권리'를 주장하는 것은 이상하지? 즉 인간의 권리도 다른 사람과 함께 있을 때, 의미가 있는 것이야. 또 함께 있기 때문에 다른 사람에게 권리를 빼앗기거나 침해받는 일도 발생하지.

국가는 모든 국민의 인권이 잘 지켜지도록 보호할 의무가 있어. 만약 국가가 그 의무를 다하지 않으면 국민은 헌법대로 국민의 인권을 잘 지켜달라고 국가에 요구할 수 있지.

대한민국 헌법은 국민의 권리에 대해 밝히고 있어. 제10조 '모든 국민은 인간으로서의 존엄과 가치를 가지며, 행복을 추구할 권리를 가진다. 국가는 개인이 가지는 불가침의 기본적 인권을 확인하고 이를 보장할 의무를 진다.'고 말이야. 자, 그럼 헌법에 적힌 우리의 권리에 대해 알아볼까?

법 앞에 평등할 권리

톰의 이야기로 돌아가 볼까? 톰은 정말 억울했을 거야. 하지만 우리에게는 억울함을 호소할 곳이 있어. 바로 법이지.

법은 시시비비를 가려서 억울함을 풀어 주고 정의를 지켜 줘. 하지만 톰이 살았던 당시 미국의 법은 그렇지 않았어. 흑인과 백인이 재판을 할 때, 흑인은 재판장에 나갈 수 없고, 어떤 흑인도 백인에게 불리한 증언을 할 수 없었어. 판결을 내리는 배심원도 모두 백인이었고.

더구나 백인들 대부분 흑인을 싫어했지. 그런 재판에서 톰이 어떻게 널을 이길 수 있겠어?

결국 톰이 가장 억울해야 할 일은 흑인을 차별하는 법과 백인들의 편견이야. 법의 보호를 받아야 할 국민이 법의 차별을 받은 거지.

사람을 차별하는 것은 다 옛날 일이라고? 미국도 노예 제도가 없어지고 피부가 검은 대통령까지 선출되었으니까. 하지만 피부색이 아니라도 얼마나 부자인지, 얼마나 잘생겼는지, 어느 학교를 나왔는지, 어느 나라 사람인지, 남자인지 여자인지 등으로 차별을 하는 사람들이 여전히 있어.

다행히 신분 제도가 있었던 과거와는 법이 많이 달라졌어. 다른 사람을 차별하는 사람은 여전히 있더라도, 법으로는 차별을 금지한다는 거야. 그래서 자신이 차별을 받아 손해를 입었다면 법에 호소해서 보호받을 수 있어.

사람의 권리 중에 가장 기본이 바로 자유와 평등이야. 그래서 대한민국 헌법 제11조에는 '모든 국민은 법 앞에 평등하다.'고 밝히고 있어.

국민이 정치에 참여할 권리

톰이 살던 루이지애나 주 법은 인종에 따라 불평등했잖아. 그런데 왜 흑인들은 불평등한 법을 고치려고 하지 않았을까? 바로 정치에 참여할 수 있는 권리가 없었기 때문이야.

법은 국회(국민의 대표)에서 만들지? 그런데 흑인에게는 대표자를 뽑을 투표권도, 자신이 대표자가 될 권리도 없으니 어떻게 흑인을 위한 법을 만들 수 있었겠어? 평등한 법을 만들 수도, 차별하는 법을 반대하고 고칠 수도 없었던 거야. 결국 백인들이 주는 고통을 고스란히 받을 수밖에 없었지. 이처럼 법 앞에 평등(평등권)과 정치에 참여할 권리(참정권)는 매우 중요해.

앞에서 말한 것처럼, 지금 우리에게는 '법 앞의 평등'이라는 헌법으로 보호받는 권리가 있어. 하지만 우리의 존엄성을 지키며 행복하게 살기 위해, 법은 최소한으로 그리고 최후의 수단이면 좋을 거야.

법으로 '차별하면 벌을 줄 거야'라고 강제로 시키지 않아도, 우리가 차별받기 싫은 것처럼 스스로 다른 사람을 차별하지 않는 것이 가장 좋겠지.

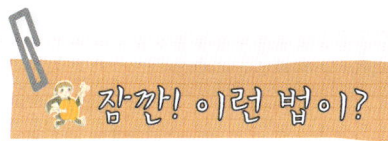

- 국민의 5대 권리 : 평등권, 자유권, 사회권, 참정권, 청구권

제11조1항 : 모든 국민은 법 앞에 평등하다.
제12조1항 : 모든 국민은 신체의 자유를 가진다.
제17조 : 모든 국민은 사생활의 비밀과 자유를 침해받지 아니한다.
제19조 : 모든 국민은 양심의 자유를 가진다.
제32조1항 : 모든 국민은 근로의 권리를 가진다. 국가는 사회적. 경제적 방법으로 근로자의 고용 증진과 적정 임금의 보장에 노력하여야 하며, 법률이 정하는 바에 의하여 최저 임금제를 시행하여야 한다.
제34조1항 : 모든 국민은 인간다운 생활을 할 권리를 가진다.

- 국민의 5대 의무 : 교육 · 국방 · 근로 · 납세 · 환경 보전의 의무

제31조 2항 : 모든 국민은 그들이 보호하는 자녀에게 적어도 초등 교육과 법률이 정하는 교육을 받게 할 의무를 진다(법률에서는 의무 교육이 중등 교육으로 바뀜).
제32조 2항 : 모든 국민은 근로의 의무를 진다.
제35조 1항 : 국가와 국민은 환경 보전을 위하여 노력하여야 한다.
제38조 : 모든 국민은 법률이 정하는 바에 의하여 납세의 의무를 진다.
제39조 1항 : 모든 국민은 법률이 정하는 바에 의하여 국방의 의무를 진다.

생각이 깊어지는 자리

아동 노동, 이대로 둘 것인가!

　국제노동기구(ILO)는 전 세계에 2억 1800만 명의 어린이가 아동 노동을 하고 있다고 밝혔다. 아동 노동은 18세 미만의 어린이들이 하는 노동을 말한다.

　이 아동들이 하는 일은 어른도 하기 힘든 일이 많다. 12시간 이상 카카오 농장에서 일하거나 채찍질을 당하며 카펫을 짠다. 숨 쉬기조차 힘든 탄광에 들어가 석탄을 캐거나 소년병이 되어 전쟁터에서 총을 들고 싸우기까지 한다. 납치를 당해 강제로 일을 해야 하거나 부모의 빚을 대신해서 팔려 가기도 한다.

　전세계 모든 아동은 부모와 사회, 국가의 보호를 받으며 건강하게, 미래를 위해 교육을 받으며 살 권리가 있다. 단지 가난하다는 이유 때문에 아동들의 권리가 무시당해선 안 된다.

　6월 12일은 '세계 아동 노동 반대의 날'이다. 아동에게 그들의 정당한 권리를 찾아 주기 위해 무엇을 할 것인가, 진지한 고민이 필요하다.

- 대한민국의 부모는 자녀에게 적어도 법률이 정한 교육을 받게 할 의무가 있습니다. 교육을 시키지 않는 부모나 보호자는 법을 어긴 것입니다. 이 말은 모든 어린이는 교육을 받을 권리가 있다는 것입니다. 공부하기 싫은 친구도 있을 텐데, 왜 꼭 교육을 받아야 한다는 걸까요?

- '공정 무역'은 아동 노동으로 만들지 않은 제품, 일하는 사람에게 제대로 돈을 주고 만든 제품을 거래하는 것입니다. 그런데 공정 무역 상품이 아동 노동으로 만든 상품보다 비싸다면, 여러분은 어떤 상품을 사겠습니까?

- 아프리카 카카오 농장에는 아이들이 10미터나 되는 카카오 나무에 올라가 열매를 따고 씨를 빼내는 일을 합니다. 하지만 이 아이들은 초콜릿이 무엇인지, 카카오로 초콜릿을 만든다는 사실도 모릅니다. 카카오 농장에서 일하는 아동에게 편지를 써 보세요.

10화 국민의 의무

아이스크림을 한 개 샀다.
아이스크림 가격 속에는 세금이 있다.
나는 아이스크림을 먹으며 세금을 냈다.
왜?

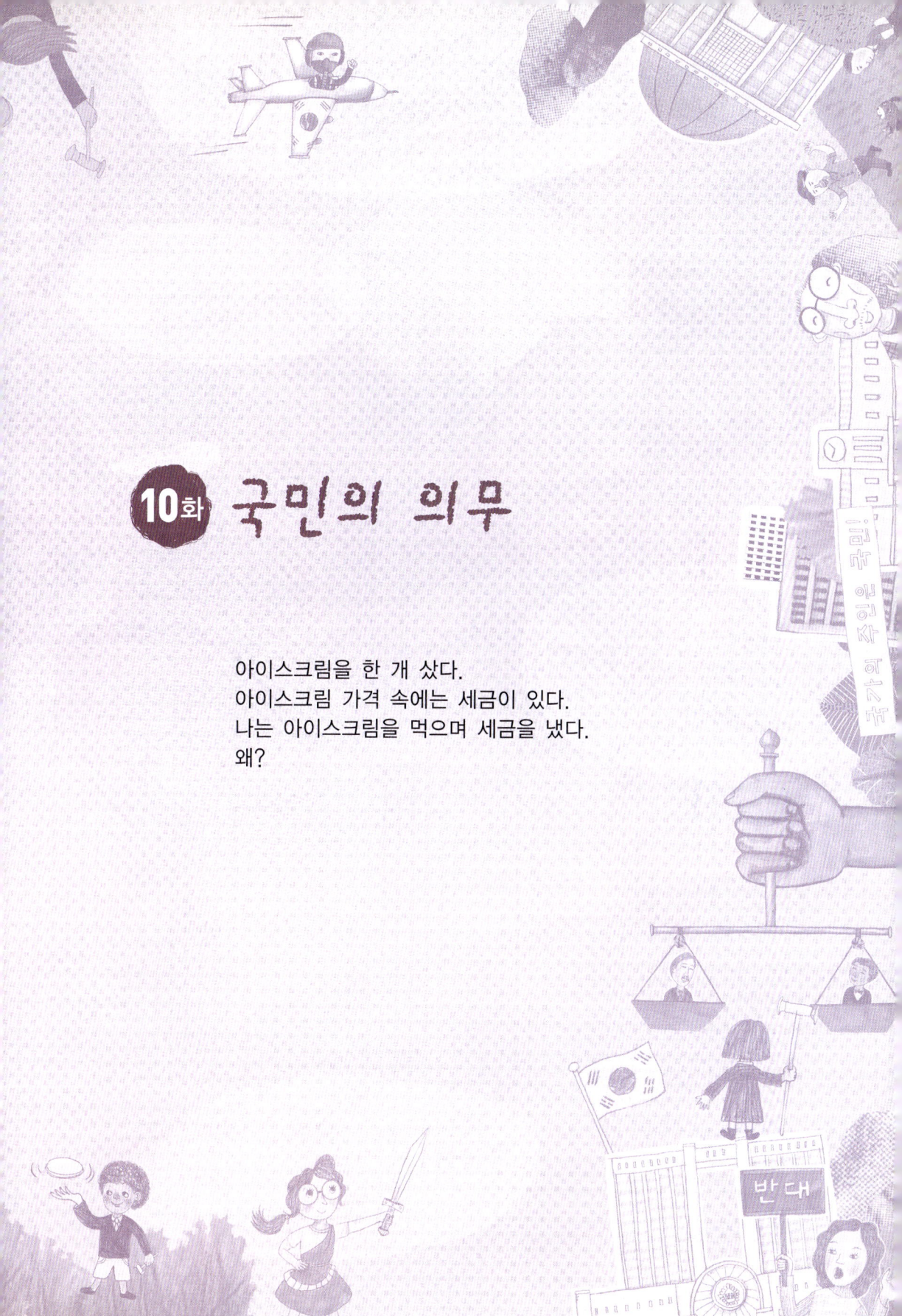

큰형은 범죄자, 작은형은 예비 범죄자?

"선생님, 종범이 둘째 형은 감옥 간대요."

수업 중에 형우가 선생님께 이릅니다. 법에 대해 배우는 중이라 생각이 났나 봅니다.

"뭐? 그게 무슨 말이니, 형우야?"

선생님이 형우를 바라봅니다.

"우리 엄마가 그랬어요. 종범이 형 감옥 갈 거라고. 종범이네 큰형도 감옥 갔다 왔대요."

"한형우! 너, 죽을래?"

종범이가 자리에서 벌떡 일어나 형우를 노려봅니다.

"두 사람 다 그만해요. 형우는 친구 형한테 그런 말 하면 못써요.

종범이도 그만 자리에 앉아라."

"치, 진짠데……."

형우가 억울한지 중얼거립니다.

종범이네는 삼 형제입니다. 종범이는 형들과 나이 차이가 많이 납니다. 큰형은 대학 졸업반이고, 작은형은 가수입니다. 아직은 작은 카페에서 노래를 하는 무명 가수지만요. 형들은 어린 종범이를 아주 귀여워합니다. 엄마 몰래 용돈도 주고, 비싼 장난감도 사 줍니다. 놀이공원이나 영화관에도 데리고 갑니다. 종범이는 엄마 아빠보다 형들하고 말이 더 잘 통합니다.

그런데 작은형이 감옥에 갈지도 모른답니다. 그래서 얼마 전부터 집 분위기가 침울합니다. 엄마는 자꾸 울고 아빠랑 큰형은 표정이 어둡습니다. 작은형에게 입영 통지서가 나온 것입니다.

종범이네 가족 모두 '여호와의 증인'이라는 종교의 신자입니다. '여호와의 증인'은 어떤 경우에도 사람의 목숨을 해치는 것은 죄악이라는 교리에 따라, 사람을 해치는 도구인 총을 잡을 수 없다고 믿습니다. 그런데 군대에 가면 총을 잡아야 합니다. 그래서 군대에 가는 것을 거부하게 되는 거지요. 그런데 우리나라 법에는 '대한민국의 모든 남자는 군대에 가야 한다'고 합니다. 결국 법을 어기게 되는 것입니다.

종범이가 어려서 잘 기억은 안 나지만, 큰형은 군대에서 총을 잡으라는 명령에 따르지 않았다는 이유로 이미 감옥에 갔다 왔습니다. 그런데 이번엔 작은형에게 입영 통지서가 나온 것입니다. 작은형이 신앙을 지키려면, 감옥에 가서 전과자가 되어야 합니다.

종범이는 작은형 방을 몰래 들여다보았습니다. 작은형이 피아노를 치며 노래를 합니다. 외국 노래라 무슨 뜻인지는 모르지만 경쾌한 분위기의 노래입니다.

"서종범, 왜 그러고 있어? 들어와."

작은형이 종범이를 발견했습니다. 얼굴에 웃음이 한가득입니다.

그런데 종범이는 선뜻 방에 들어가지 못합니다. 왠지 작은형이랑 말하는 게 좀 어색해졌습니다.

"괜찮아, 들어와."

형이 손을 까딱이며 종범이를 부릅니다.

종범이는 주뼛거리며 방에 들어가서 피아노 의자 가장자리에 살짝 앉습니다.

"형 보고 싶어서 왔어? 어휴 귀여운 자식!"

형이 종범이 머리를 헝클어 놓습니다. 종범이가 슬쩍 피합니다.

작은형이 다시 피아노를 치며 콧노래를 흥얼거립니다.

"형, 군대에 안 갈 거야?"

종범이가 조그맣게 물었습니다. 얼굴이 진지합니다.

작은형이 종범이를 가만히 바라봅니다. 아무 말도 안 합니다.

"진짜 감옥에 갈 거야?"

종범이가 다시 묻습니다.

"어린이는 어린이답게 열심히 놀고 공부하세요. 쪼끄만 녀석이 왜 그렇게 걱정이 많아, 건방지게?"

작은형이 종범이 얼굴을 꼬집으며 장난스럽게 말합니다. 형이 아무 일도 없다는 듯이 태연하게 굴수록 종범이는 자꾸 눈물이 나오려고 합니다.

"형은 괜찮아, 걱정할 거 없어."

작은형의 말에 종범이가 울음을 터트립니다. 작은형은 종범이를 안아 주었습니다.

- 종범이 작은형은 군대에 가서 총을 잡느니 차라리 감옥에 가려고 해. 자신의 종교적인 믿음을 지키기 위해서야. 그런데 종범이 역시 입대할 나이가 되면 같은 일을 겪게 될지도 몰라. 어떤 결정이 최선일까?

법률이 정한 국민의 의무

국민은 자유권과 평등권 등 다양한 권리를 국가에게 요구할 수 있어. 그리고 국가에 대해 국민이 져야 하는 의무도 있지. 대표적인 국민의 의무는 헌법에서 정하고 있는 납세의 의무와 국방의 의무야. 의무이기 때문에, 원하지 않아도 강제로 그 의무를 져야 하지.

납세의 의무는 국가에 세금을 내는 거야. 국민이 내는 세금으로 국가를 운영하는 거지.

국방이란 국가를 지키는 모든 활동을 말해. 국민, 주권, 영토와 기본 질서를 지키는 것을 말하지.

국민, 주권, 영토는 국가의 3요소지만, 왜 기본 질서를 지키는 것도 국가를 지키는 것이라고 할까? 그것은 기본 질서가 바로잡히지 않아서, 나라가 혼란스러우면 결국 나라의 안전이 위험해질 수 있기 때문이야.

국방의 의무를 구체적으로 설명하면, 일정한 기간 동안 군대에서 복무하는 것을 말해. 그런데 여자가 군대에 가는 것은 별로 본 적이 없을 거야. 그것은 '병역법'에 따라서, 여자는 지원한 사람 중에서 뽑아 군 복무를 하게 하기 때문이야.

만약 병역법이 바뀐다면, 이스라엘처럼 여자도 군대에 입대하고 국방의 의무를 지게 될 거야. 현재 대한민국은 만 19세 이상의 남자들만 병역(군 입대)의 의무를 지고 있어.

나는 총을 잡지 않겠다

그런데 문제가 있어. 군에 가는 것을 거부하는 사람들이 있는 거야. 단순히 '하기 싫다'가 아니라 이야기 속의 종범이 형처럼 종교적인 신념이나 자신의 양심상, 도저히 살상 무기인 총을 잡고 훈련을 할 수 없다는 사람들이 있는 것이지.

대한민국에서 이런 사람들에게 관심을 가지게 된 것은 2001년 신문 기사와 오태양 씨의 병역 거부 선언 때문이었어. 그전까지는 국방의 의무를 '국가를 지키는 신성한 의무'라고 생각해서 감히 군대에 가지 않겠다고 선언한다는 것은 상상하기 힘든 일이었지. 하지만 이 일을 계기로 이미 50여 년 동안 대한민국에 양심적 병역 거부자가 있었으며, 그로 인해 수감된 사람이 1만여 명에 이르고 있어. 현재도 매년 700여 명이 군대 대신 감옥에 가서 스스로 범죄자가 되고 있다는 사실이 알려졌지.

양심적 병역 거부에 찬성하는 사람들은 말하지. '헌법 제17조에 따라 양심의 자유를 지킬 권리가 있다. 종교의 자유가 있다. 국방의 의무를 거부하는 것이 아니라, 총을 잡지 않는 다른 일로 바꿔 달라는 것뿐'이라고.

양심적 병역 거부에 반대하는 사람들은 주장해. '국방이 이뤄지지 않으면 인간의 존엄 자체가 위험에 빠진다. 국방의 의무가 개인의 양심보다 더 중요하다. 일부 사람만 군대에 가지 않게 해 주면,

군에 가는 사람에게 불공평하다'고.

의무와 권리를 절충하다, 대체 복무 제도

국방의 의무는 대단히 중요해. 양심적 병역 거부를 반대하는 의견은 분명히 옳아. 그런데 문제는 양심적 병역 거부를 찬성하는 의견 역시 옳다는 거야. 이럴 경우 어떻게 하는 게 좋을까?

대한민국뿐 아니라, 다른 나라도 같은 문제를 고민하고 있어. 영국이 최초로 1916년에 양심에 따른 병역 거부자를 인정하는 병역법을 만들었고, 현재 대체 복무 제도를 도입하는 나라도 늘고 있어.

대체 복무 제도는 군에 입대하지 않는 대신 다른 방법으로 국방의 의무를 지게 하는 거야. 소방서나 경찰서, 지하철역, 구청, 시청 등의 공공시설에서 일하거나 도움이 필요한 기업에서 일하는 거지. 하지만 대체 복무 제도 역시 찬성과 반대의 의견이 팽팽히 맞서고 있어. 대체 복무를 성실하게 하지 않는 사람도 있고, 군 입대하는 것과 동등한 일인지도 확실하지 않기 때문이지.

국민의 안전을 지키는 국방의 의무도 중요하고 그 국가의 구성원인 국민으로서 권리인 양심의 자유도 중요해. 모든 사람을 만족시킬만 한 방법은 찾기 힘들지만, 양심을 지키기 위해 매년 700명 이상이 전과자가 되는 것은 막아야 하지 않을까?

 ## 생각이 깊어지는 자리

종범이의 형은 '여호와의 증인'이라서 총을 잡을 수 없다고 합니다. 하지만 대한민국의 성인 남자는 특별한 사유가 없는 한, 군대에 가서 총을 잡고 훈련을 해야 합니다. 현재까지 대한민국은 양심적 병역 거부를 인정하지 않고 있습니다.

1 여러분은 종범이의 형처럼 자신의 신념을 지킬 권리 혹은 군대에 가는 국방의 의무 둘 중에 어느 것이 더 중요하다고 생각하나요? 그 이유는 무엇인가요?

2 전과자가 되지 않고 자신의 신념을 지키면서, 또한 나라에서 정한 국방의 의무도 다할 수 있는 방법은 없을까요? 방법을 생각해 보세요.

3 만 19세 이상의 남자들은 모두 군대를 가야 하는 대한민국의 병역법을 바꿔 보세요. 여러분은 어떤 병역법을 만들고 싶나요?

4 이야기로 생각하기

시키는 대로 했을 뿐, 억울하다

제2차 세계 대전 당시 군인이었던 마르코 씨에 대한 재판이 열렸다. 마르코 씨는 전쟁 당시 독일 및 유럽 지역에 사는 유태인들에 대한 정보를 모으고 정리하는 일을 했다. 그렇게 정리된 문서를 기준으로 독일군은 각 지역의 유태인을 찾아낼 수 있었고, 그 유태인들은 수용소로 보내져 목숨을 잃었다.

그런데 마르코 씨는 윗사람의 명령에 따랐을 뿐이라며 자신은 죄가 없다고 주장하고 있다. 자신은 그런 일이 싫었지만, 명령을 거부했다면 자신이 군법에 의해 벌을 받았을 것이라는 것. 그러니 자신도 독일 정부에 의해 양심의 자유를 빼앗긴 피해자일 뿐이라는 것이다.

하지만 수용소에서 목숨을 잃은 유태인들의 가족은 마르코 씨의 말에 화를 냈다. 다른 사람이 목숨을 잃는 것을 알면서도 한 행동이니 그 행동에 책임을 져야 한다는 것이다.

명령에 따를 것인가, 양심에 따를 것인가. 마르코 씨의 재판 결과에 주목하는 이유다.

- 여러분이 마르코 씨의 변호사라면, 마르코 씨를 위해 어떻게 변호하겠습니까?

- 마르코 씨의 말대로라면, 독일 정부는 마르코 씨의 양심의 자유를 해쳤습니다. 하지만 마르코 씨는 스스로 생각하고 행동할 의지와 자유가 있는 사람입니다. 국가가 자신의 양심에 반대되는 행동을 강요한다면 어떻게 해야 할까요?

- 실제로도 제2차 세계 대전에서 전쟁 범죄를 저지른 사람들에 대한 재판이 열렸습니다. 재판 결과는, 비록 명령에 따라 범죄를 저지른 사람일지라도 도덕적 책임은 있다는 것입니다. 여러분의 생각은 어떤가요? 누가 강제로 시켜서 할 수 없이 저지른 잘못인데도 그 책임을 져야 할까요?

11화 모든 사람에게 동등한 인권

어린 아이, 노인, 남자, 여자, 다른 사람을 돕는 사람,
다른 사람을 해치는 사람, 목소리가 큰 사람, 겁이 많은 사람,
노래를 잘하는 사람, 달리기를 잘하는 사람, 아픈 사람,
병을 고치는 사람…….
세상엔 똑같은 사람이 단 한 명도 없다.
하지만 모두 똑같은 사람이다.

조심해, 우리 동네에 나쁜 사람이 살아

"어쩌면 좋아요! 어휴, 진짜 가슴이 두근거려서 말이 다 안 나오네요."

"정효 엄마, 무슨 일인데 그래요?"

"그러니까……, 그게 말이에요……."

"아이 참! 반상회 날도 아닌데, 이렇게 마을 사람들 다 모아 놓고서는 왜 말을 못 해요?"

"그러게. 궁금하고 답답하네."

같은 아파트에 사는 주민들이 주민 대표인 정효네 집에 다 모였습니다. 아주아주 중요한 일을 의논해야 한다며 정효 엄마가 집집마다 다니며 모이자고 했지요. 그런데 무슨 이유인지 정효 엄마가 쉽게 말을 꺼내지 못하네요.

"아휴, 나 바빠! 할 말 없으면 갈래. 큰일 났다고 하도 난리여서 미용실도 비워 두고 왔구만……."

찬성이 엄마가 일어날 기세입니다.

그러자 정효 엄마가 손사래를 치며 막습니다.

"그래요. 이제 말할게. 아무튼 다들 놀라지 말아요."

한참 시간을 끌던 정효 엄마가 입을 떼자, 마을 사람들이 정효 엄마의 입만 쳐다보았습니다.

"왜 그거 있잖아요. 경찰서에 가서 나쁜 놈들 확인하는 거."

정효 엄마가 마른 침을 삼키며 들려준 이야기는 이렇습니다.

청소년 대상 성 범죄자 신상 공개 제도에 따라서, 경찰서에 가면 자기가 사는 지역 주변에 있는 성 범죄자에 대한 정보를 볼 수 있지 않냐. 그래서 주민 대표 내가 마을 주민의 안전을 위해 경찰서에 가서 성 범죄자 신상 공개 정보를 보았다. 설마 우리 마을에 그런 흉악한 놈들이 살 거라고는 생각해 본 적도 없다는 게 요지입니다.

"그런데 세상에, 우리 마을에 사는 사람이 있는 거예요, 글쎄!"

"네? 그게 무슨 소리예요? 그럼 우리 마을에 성 범죄자가 있다는 거예요?"

"그게 누구예요?"

"어머, 무서워!"

마을 사람들 모두 깜짝 놀라 서로를 바라만 보았습니다.

"그 사람이 글쎄……."

정효 엄마가 다시 침을 삼키며 주위를 둘러봅니다. 그러더니 누가 들을까 겁이라도 나는 듯, 아주 작은 소리로 말했습니다.

"깔끔세탁소 2층에 사는 남자, 세상에 그 사람이 거기 있더라고요."

성효 엄마의 말을 듣는 순간, 그곳에 있던 주민들 모두 찬물을 끼얹은 듯 조용해졌습니다. 충격을 받아서 멍하니 정효 엄마만 바라보았습니다.

"내가 그럴 줄 알았어."

갑자기 찬성이 엄마가 버럭 소리를 질렀습니다.

"어쩐지, 그 남자가 이사 올 때부터 수상하더라고. 시영이 엄마, 내가 뭐랬어. 그 남자가 좀 수상해 보이니까 집 빌려 주지 말라고 했잖아."

"그러게요. 찬성이 엄마 말 들을걸 그랬어요. 이제 어쩜 좋아요, 나가라고 할 수도 없고."

"나가라고 해야지요. 아예 우리 마을에서 쫓아내야 해요."

"아휴 찝찝해. 그런 사람이랑 어떻게 같은 동네에 살아요. 당장 쫓아내야 해요."

"그러다 해코지라도 당하려면 어쩌려고요?"

"아무튼 마을 사람들이 똘똘 뭉쳐서 마을에서 쫓아낼 방법을 찾아봅시다."

"그래도 마을에서 쫓아내는 건 좀 너무한 거 같은데……."

"아휴, 지금 그 나쁜 놈 사정 봐 줄 때예요? 우리 집은 딸만 셋인데, 이제 어떡하냐고요?"

"어머! 우리 미주, 학원에서 돌아올 시간이잖아. 나 먼저 갈게요. 우리 미주 데리러 가야겠어요."

"나도 나도. 아예 학원에 가서 우리 애들 기다렸다가 데리고 와야지."

마을 사람들이 서둘러 일어섰습니다.

"아이고 참나, 우리 마을에 이런 일이 생길 줄이야."

수진이 할머니가 정효네 집을 나서며 말했습니다.

그 모임 이후로 마을 사람들은 깔끔세탁소를 피해 다른 길로만 다녔습니다. 우연히 세탁소 2층에 사는 남자를 보게 되면, 뛰다시피 그 남자에게서 멀어지려고 했습니다. 그러고는 다른 주민들에게 전화를 해서, 그 남자가 지금 어디에 있는지 서로 정보를 주고받았습니다.

물론 마을 아이들에게도, 절대 깔끔세탁소에 가지 말 것, 그곳 2층에 사는 남자가 말을 걸어도 절대 대답을 하지 말고 무조건 도망치라고 주의를 주었습니다.

학원 앞, 마을 입구, 버스 정류장에는 아이를 기다리는 부모와 할머니, 할아버지로 북적거렸습니다.

민정이는 그런 어른들이 이해가 되지 않았습니다. 민정이는 깔끔 세탁소 2층에 사는 아저씨와 친하거든요. 민정이는 엄마 몰래 그 아저씨에게 통기타를 배우고 있습니다.

민정이는 엄마와 둘이 삽니다. 조그만 잡화상을 하시는 엄마는, 마을 큰길에 대형 마트가 생기면서 장사가 너무 안 된다며 걱정을 하십니다. 그래서 통기타 학원에 보내 달라는 말을 하지 못했습니다. 그런데 사정을 잘 아는, 같은 반 찬성이가 자기는 엄마 몰래 공짜로 통기타를 배운다며, 함께 가자고 했습니다.

그래서 2층에 사는 아저씨에게 통기타를 배우러 갔습니다. 이사 온 날, 인사를 하러 온 아저씨를 한 번 본 것 밖에 없어서 좀 어색했습니다. 게다가 공짜로 통기타를 배우는 게 미안하기도 했지요. 하지만 아저씨는 아주 상냥하고 친절했습니다. 통기타가 없는 민정이에게 자기 통기타를 빌려 주기까지 했습니다.

그런데 엄마는 그 아저씨가 아주 나쁜 죄를 지은 범죄자라며 절대 아는 척도 하지 말라고 합니다.

'아닌데, 아저씨가 얼마나 나한테 잘해 주는데……. 계속 아저씨네 못 가서, 지금까지 통기타 배운 것도 다 잊어버리겠다.'

주민 모임에 가신 엄마 대신 가게를 보고 있던 민정이는 통기타 대신 텔레비전 리모컨을 잡고 지금까지 배운 통기타 연주를 연습해 보고 있었습니다.

그때, 그 아저씨가 가게에 들어왔습니다. 민정이는 깜짝 놀라서

벌떡 일어났습니다.

"민정이 오랜만이다. 그런데 엄마 안 계시니?"

아저씨가 가게 안을 살피며 물었습니다.

"네? 저기, 잠깐 정효네 집에 가셨어요."

"아, 그래? 그럼 민정이가 엄마 대신 가게 보는구나? 그런데 요즘엔 왜 기타 배우러 안 오니? 기타는 꾸준히 배워야 실력이 느는데?"

"시, 시험 공부하느라고요."

"그래? 그런데 아저씨가 보니까 리모컨으로 기타 연습하는 것 같던데……. 아저씨가 기타 빌려 줄까? 같이 갈래?"

"네? 아, 저, 저기……."

"아저씨가 그 기타, 빌려 주는 게 아니라, 너 주려고 그러는데……."

민정이는 여러 가지 생각이 동시에 떠올랐습니다. 엄마가 주의를 주었던 말과 통기타를 갖고 싶은 마음, 그리고 갑자기 조금 무서워 보이는 아저씨. 민정이는 리모컨을 꼭 쥔 채 어쩔 줄을 몰랐습니다.

◆ 민정이는 어떻게 해야 할까? 그리고 예전에 나쁜 짓을 저지른 사람은 언제든지 다시 나쁜 짓을 저지를 수 있으니 사람들에게 다 알려서 조심하라고 해야 할까? 죄를 지었던 사람은 다른 사람들에게 따돌림을 당해야 할까? 너희는 어떻게 생각해?

성 범죄자의 신상을 공개합니다, 메건법

미국에는 '메건법'이라는 것이 있어. 메건법은 계속해서 성범죄를 저지르는 사람의 얼굴과 이름, 주소 등을 주민들이 알 수 있도록 공개하는 법이지.

1994년 미국에서 끔찍한 사건이 발생했어. 7세 여아가 강간 당한 후 살해된 거야. 바로 메건이라는 소녀였지. 미국은 이 소녀의 이름을 따 '메건법'을 제정했고, 현재 미국내 37개 주에서 성 범죄자의 거주 주소를 알려 주는 제도가 시행되고 있어.

성범죄는 대부분 아는 사람에 의해 저질러진다고 해. 특히 아동 성 범죄자는 반복해서 범죄를 저지르는 특성이 있어. 그러니까 범죄를 저질렀던 사람을 알고, 미리 조심하는 것도 중요하지.

대한민국도 2008년에 '청소년 대상 성 범죄자 신상 공개 제도'를 만들었어. 이 제도 덕분에, 경찰서에 가면 자기가 사는 지역 주변에 있는 성 범죄자에 대한 정보를 볼 수 있단다.

그런데 대한민국 헌법 제17조에는 '모든 국민은 사생활의 비밀과 자유를 침해받지 아니한다'라고 밝히고 있어. 모든 사람에게는 나이, 얼굴, 이름, 개인 정보를 보호받을 권리가 있는 거야.

그럼 성범죄를 저질렀던 사람의 인권은 무시해도 되는 걸까? 특히 얼굴이나 이름, 가족 관계 같은 정보를 다른 사람들에게 알리는 것을 두고는 다음과 같이 의견이 나뉘어 팽팽히 맞서고 있어.

성 범죄자의 신상 공개에 **찬성**한다!

1 성 범죄자의 개인 정보를 다른 사람에게 공개함으로써 새로운 성범죄를 줄일 수 있다.

2 다른 사람에게 나쁜 짓을 한 사람의 권리는 그렇게까지 지켜 주지 않아도 된다.

3 국민은 사회에 큰 충격과 공포를 안긴 성범죄에 대해서 알 권리가 있다. 어떤 범죄가 있었는지, 범인을 어떻게 잡으려고 하는지, 범인을 잡았다면 그가 누구인지 등을 국민이 알아야 한다.

4 성범죄를 저지르려는 사람들에게 죄를 지은 대가가 어떤 것인지 보여 주어 경고할 수 있다.

성 범죄자의 신상 공개에 반대한다!

1. 성 범죄자가 벌을 받은 후 착하게 살려고 해도, 이미 다른 사람이 따돌리고 상대를 안 하면 살기가 힘들다. 그래서 다시 범죄를 저지르는 사람도 있다.

2. 성 범죄자도 인간이니까 다른 사람처럼 인권을 존중해 줘야 한다. 또 성 범죄자의 신상이 공개되면 범죄와 아무런 상관이 없는 그의 가족과 친척들이 피해를 입을 수도 있다.

3. 국민이 누가 범죄를 저질렀는지 알고 싶어 해도, 그런 호기심이 성 범죄자의 인권보다 중요하지는 않다.

4. 성 범죄자의 정보를 알리는 것이, 다른 성범죄를 막는 효과가 있는지는 알 수 없다.

때때로 권리는 서로 부딪친다

위에서 알아본 성 범죄자 외에, 폭력, 살인 등 다른 범죄자에 대한 정보를 공개하는 것에도 한번씩 생각해 보면 좋을 것 같아.

그런데 얼마 전에 신문을 보다가 깜짝 놀란 적이 있어. 그 신문에서는 피의자(범죄를 저질렀을 가능성이 있는 사람)의 아들과 그 가족에 대한 기사가 있었거든. 그 가족들이 기사 때문에 어떤 피해를 입었을지 생각해 봐. 이웃 사람들이 범죄자의 가족이라 욕하고 괴롭힐지도 몰라.

그리고 대한민국 헌법에는 '무죄 추정의 원칙'이라는 내용이 있어. 아무리 증거가 확실하고 자기가 죄를 저질렀다고 고백한 사람일지라도, 법원에서 재판을 해서 죄가 있다고 판단하기 전까지는 죄가 없다는 원칙이야. 재판을 받아서 죄가 있다고 결정되기 전까지는 무죄라는 거지. 그 신문사는 헌법을 어기고 다른 사람의 인권을 무시한 거야.

이 신문사처럼 신문을 더 많이 팔려고, 자신들의 뉴스를 더 많이 보게 하려고, 혹은 자기 홈페이지에 찾아오는 방문객 수를 늘리려고, 범죄자나 범죄를 저질렀을 가능성이 있는 사람의 인권을 무시하고 신상을 공개하는 일은 없어야 하지 않을까?

인권이 매우 중요한 것이고, 그것을 존중해야 한다는 사실에 반대하는 사람은 없을 거야. 하지만 범죄자의 권리와 국민의 알 권리가

서로 부딪치고, 그중에 하나만 선택해야 한다면 우리는 어떻게 해야 할까? 정해진 답은 없어. 어떤 사람의 권리도 빼앗지 않고, 모두의 인권을 지킬 수 있도록 진지하게 고민해야 하지.

 ## 생각이 깊어지는 자리

민정이네 마을에 죄를 지어 벌을 받았던 아저씨가 이사 왔습니다. 사람들은 그 아저씨가 마을 사람들에게 나쁜 짓을 할까 두렵습니다. 마을 사람은 안전할 권리가 있습니다. 그 아저씨도 마을에서 살 권리가 있습니다.

1 민정이가 혼자 있는데, 전에 나쁜 짓을 저질렀던 아저씨가 기타를 빌려 주겠다며 함께 가자고 합니다. 여러분이 민정이라면 어떻게 하겠습니까?

2 아저씨는 잘못된 행동에 대해 이미 벌을 받았습니다. 그런데도 마을 사람들은 예전의 잘못된 행동 때문에 아저씨를 피하고, 마을에서 쫓아내려고 합니다. 나쁜 행동에 대한 벌을 받는 것으로는 충분하지 않았던 것일까요?

3 성범죄를 저지른 사람의 권리를 지켜 주는 것에 대해 여러분의 생각은 어떤가요?

4

2011년 6월 3일

　우리 반에서 분실 사건이 있었습니다. 5교시, 운동장에서 체육 수업을 하고 교실로 돌아왔는데, 은주의 학원비가 없어진 것입니다. 몇몇 아이들은, 아프다는 핑계로 밖에 나가지 않았던 서영이를 의심했습니다. 그 소문은 반 전체에 퍼졌습니다.
　며칠이 지나자, 서영이에 대한 나쁜 소문이 돌았습니다. 예전에도 친구의 물건을 훔친 적이 있다는 둥, 훔친 학원비로 휴대 전화를 샀다는 둥, 비싼 학용품을 새로 산 것을 보니 도둑이 틀림없다는 둥. 반 친구들 모두가 서영이를 따돌렸습니다.
　서영이가 정말 은주의 학원비를 가져갔는지 알 수 없습니다. 견디다 못한 서영이가 오늘 전학을 갑니다. 괜히 마음이 불편합니다.

- 서영이가 정말 은주의 학원비를 훔쳤다면, 서영이는 어떤 마음으로 학교 생활을 했을까요?

- 위의 일기를 쓴 친구는 서영이가 반 친구들의 따돌림 때문에 전학을 가자 마음이 불편해졌습니다. 서영이가 돈을 훔친 확실한 증거가 없었는데도 반 친구들은 서영이가 범인인 것처럼 행동했습니다. 이런 반 친구들의 행동에 대해 어떻게 생각하나요? 혹시 이런 비슷한 경험이 있었는지 생각해 보세요.

- 만약 내가 서영이가 은주의 학원비를 가져간 증거나 현장을 목격했다면, 어떻게 행동하는 게 좋을까요? 서영이를 위해서도, 우리 반을 위해서도 좋을 현명한 행동은 어떤 것인지 생각해 보세요.